北大版留学生本科汉语教材·语言技能系列

汉语 下册
初级综合教程

Comprehensive Elementary
Chinese Course II

主　编：王　珏
副主编：高慧宜
编　著：高慧宜

图书在版编目(CIP)数据

汉语初级综合教程.下册/王珏主编.—北京:北京大学出版社,2008.6
(北大版留学生本科汉语教材·语言技能系列)
ISBN 978 – 7 – 301 – 13899 – 1

Ⅰ.汉… Ⅱ.王… Ⅲ.汉语 – 对外汉语教学 – 教材 Ⅳ.H195.4

中国版本图书馆 CIP 数据核字(2008)第 077678 号

书　　　　名	:汉语初级综合教程　下册
著作责任者	:王　珏　主编
责 任 编 辑	:宋立文(slwwls@126.com)
封 面 设 计	:毛　淳
标 准 书 号	:ISBN 978 – 7 – 301 – 13899 – 1/H·2011
出 版 发 行	:北京大学出版社
地　　　　址	:北京市海淀区成府路 205 号　100871
网　　　　址	:http://www.pup.cn
电　　　　话	:邮购部 62752015　发行部 62750672　出版部 62754962　编辑部 62752028
印 刷 者	:北京大学印刷厂
经 销 者	:新华书店
	787 毫米×1092 毫米　　　16 开本　　11.5 印张　　180 千字
	2008 年 6 月第 1 版　　　2008 年 6 月第 1 次印刷
印　　　　数	:0001—3000
定　　　　价	:40.00 元(含 MP3 盘 1 张)

未经许可,不得以任何方式复制或抄袭本书之部分或全部内容。
版权所有,侵权必究
举报电话:010 – 62752024　　电子信箱:fd@pup.pku.edu.cn

华东师范大学"985"工程二期国际合作与交流
"汉语和中国文化国际推行计划"建设成果

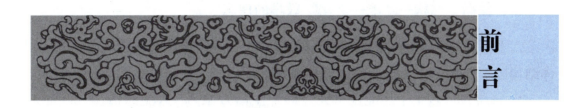

前言

这套教材是华东师范大学一批资深对外汉语教师经过三年含辛茹苦地编写及反复试用、修改才最终得以出版的,其主要对象包括高等学校外国留学生汉语言专业、进修汉语的外国人、海外华人华侨以及国内少数民族学生。

与坊间已有多部汉语言专业教材相比,本套教材具有以下三个突出的特点。

一、内容丰富、风格多元

著名语言学家、丹麦人奥托·叶斯丕森说,把学习语言的人扔到语言的海洋里,他就会学得快得多!本套教材编者深深服膺叶氏此语,并在两个方面较为忠实地贯彻了这一思想。

首先,在国家汉办2002年制定的《高等学校外国留学生汉语言专业教学大纲》基础上对语法、词汇、汉字等语言项目适当进行了扩充,扩充比例大体为5%~15%之间。我们之所以如此大胆越纲行事,主要是考虑到,与大纲制定之时相比,现在留学生汉语水平有了普遍提高,同时也考虑到留学生普遍反映原有大纲难度不大。

其次,文本内容多样,风格多元。本套教材所选文本一律为反映当今汉语发展的内容,并力争涉及最广泛的生活文化等内容,既紧贴多彩的现实生活,又充分尊重传统文化精华,力争做到交际化、趣味化、多样化。如各种体裁的文本均在课本里占有一定比例,而且也不局限于所谓名家、经典,而是广泛吸收各类精彩文章,以便学习者接触各种各样的真实汉语文本。即使一般汉语教材拒收的诗歌，我们也酌量选取。

二、贯彻"结构—功能—文化"教学的理念

本套教材努力贯彻"结构—功能—文化"的先进教学理念，并体现为整体结构以功能为中心辐射全书。具体表现如下：

1. 每册包括若干个功能性单元，即"生活万象""人生感悟""历史文化""科学探秘""中外交流"等。

2. 每个单元紧紧围绕一个功能性中心，安排若干篇课文，每篇课文内容各异、风格不一，从不同角度展示该单元的具体交际、文化功能。

3. 每课围绕一个具体功能，安排以下几个方面的内容：课文及其注释、生词、语言点解析、练习和副课文等。

三、编写原则新颖

本套教材力争在以下原则上有新颖之处：

1. 词汇大纲、语法大纲、功能大纲以《高等学校外国留学生汉语言专业教学大纲》中的词汇表、语法项目表和功能项目表为依据，并按一定比例有所扩展。

2. 汉字以《高等学校外国留学生汉语言专业教学大纲》中规定的汉字教学项目为依据。在总体设计上，采取词汇教学与汉字教学大同步、小异步的原则，由易到难、由简到繁，注意区别汉字文化圈的学习者和非汉字文化圈的学习者在认知上的异同，分别在编排方式、顺序安排、教学要求、教学方法诸方面均各有侧重。

3. 根据学生汉语整体水平不断提高的实际情况，本着"以人为本"的教育价值观，也为了能充分反映时代特点，对大纲作适当调整和补充。

面对本教材容量大、文本形式多样等特点，教师在使用本教材时，应在教学方法上多予以注意。

1. 明确对外汉语教学与母语文教学之间的不同，做到既重视语言基本功的训练又注重言语交际能力的培养。注意精讲多练，方法多样，认真贯彻语言教学的实践性、交际性要求，正确处理好听、说、读、写的能力之间的合

理关系。

2. 尽量使用汉语授课，强化学生的语感，并安排较大数量、较多形式的汉语交际实习活动与社会实践活动，如根据教学中的具体内容组织学生参观、访问、进行社会调查等，课堂内多安排不同形式的分组模拟性语言交际活动。

3. 充分利用网络资源、多媒体教学条件，制作一些相应的课件，增强学生对汉语的视听感受，帮助学生加深对教材的理解。有条件的还可以编写适量的网上练习，加强学生与真实社会和虚拟社会之间的互动与交流。

4. 注意介绍中华民族的传统文化，帮助学生了解汉语里的中国，但要注意不同民族之间的文化价值观的异同，做到有的放矢。注意学生对汉语、汉文化的可接受性，采用启发式、讨论式、实践式相结合的教学方法，积极调动学生的学习积极性和创造能力。

最后，编写组全体同仁热忱欢迎本套教材的使用者提出建议和批评，让我们一起努力，使她臻于完善，成为您学习汉语的最好帮手和知心朋友。

编　者

目 录

第一单元　人生感悟篇

第 一 课　倾听鸟语 ……………………………………… 3

第 二 课　母亲节的礼物 …………………………………… 11

第 三 课　在诺贝尔奖颁奖晚宴上的致辞 ………………… 20

第二单元　心得篇

第 四 课　读书 ……………………………………………… 31

第 五 课　人性的善良 ……………………………………… 40

第 六 课　看不见的爱 ……………………………………… 48

第三单元　见闻篇

第 七 课　英国见闻 ………………………………………… 59

第 八 课　日本感受 ………………………………………… 67

第 九 课　上海的出租车 …………………………………… 75

第四单元　生活篇

第 十 课　财迷舅舅 ··· 87

第十一课　种一株快乐的兰花在心里 ························· 95

第十二课　写信 ·· 103

第五单元　经验篇

第十三课　动物御寒 ·· 113

第十四课　搬家 ·· 122

第十五课　三个人一双眼睛 ······································ 130

第六单元　哲理篇

第十六课　给予的故事 ··· 139

第十七课　有人送我一根草 ······································ 146

第十八课　照亮别人 ·· 154

生词总表 ·· 162

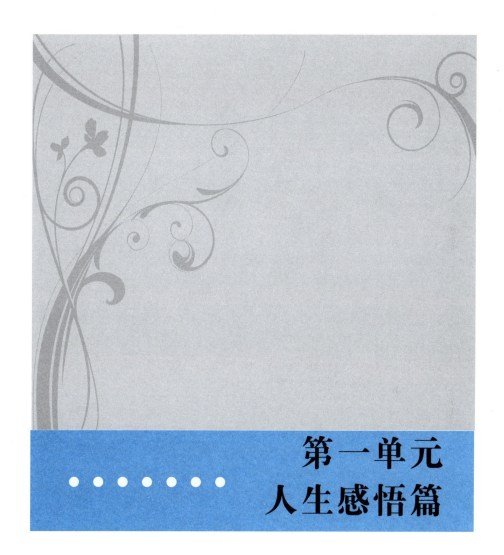

第一单元
人生感悟篇

第一课　倾听鸟语

一

我爱鸟。

过去住在乡下，到处是树，有树就有鸟，树多鸟也多。当树叶变黄的时候，天还没亮，鸟儿就在树上鸣叫了。夏天，布谷鸟高兴地叫着"布谷，布谷"，还有一种说不出名字的鸟儿，快下雨的时候总是叫着"滴水，滴水"。最常见的鸟是麻雀，田野里，草地上，树林中，成千上万的，一有人走过，立刻就消失了。

刚进城的时候，我的宿舍外面有许多高大的树。清晨和傍晚，许多鸟儿聚集在树上，准时举办着热闹的"森林音乐会"。听着快乐的鸟声，我好像又找到了住在乡下的那种感觉。后来树被砍了，建起了很多高楼。再后来，环境污染了，鸟声也没有了。

鸟语是世界上最美的语言。节假日，我常常到山里，找一个安静的地方，静静地躺在铺满落叶的地上，看着可爱的鸟儿在树上跳来跳去，听着它们在快乐地唱歌，生活中的不愉快，工作上的不顺利全都忘记了……

如果天空里看不见鸟儿，生活里听不到鸟声，人类将会多么孤独啊。

(选自《课外美文》，江苏教育出版社2001年1月，有改动)

二

麦克：这个周末你想干什么？
玛丽：我现在还没什么打算。你呢？
麦克：听说我们学校后门的公园里可以钓鱼，我想去看看。
玛丽：你喜欢钓鱼啊？
麦克：不是，我的爱好是爬山，可学校附近一座山也没有。
玛丽：我的爱好也是爬山！爬山可以锻炼身体。你看，我这好身体就是爬山爬的！
麦克：如果你愿意的话，放假以后我们一起去爬黄山吧。
玛丽：一言为定！

生词

| 1. 倾听 | qīngtīng | [动] | to listen attentively to |
| 2. 乡下 | xiāngxià | [名] | countryside |

3. 布谷鸟	bùgǔniǎo	[名]	cuckoo
4. 滴	dī	[动]	to drip
5. 麻雀	máquè	[名]	spqrrow
6. 立刻	lìkè	[副]	immediately
7. 消失	xiāoshī	[动]	to disappear
8. 清晨	qīngchén	[名]	morning
9. 傍晚	bàngwǎn	[名]	evening
10. 聚集	jùjí	[动]	to get together
11. 准时	zhǔnshí	[形]	on time
12. 举办	jǔbàn	[动]	to hold
13. 热闹	rènao	[形]	busy
14. 森林	sēnlín	[名]	forest
15. 音乐会	yīnyuèhuì	[名]	concert
16. 感觉	gǎnjué	[名]	feeling
17. 砍	kǎn	[动]	to cut
18. 环境	huánjìng	[名]	environment
19. 污染	wūrǎn	[动]	to pollute
20. 世界	shìjiè	[名]	world
21. 语言	yǔyán	[名]	language
22. 躺	tǎng	[动]	to lie
23. 铺	pū	[动]	to pave
24. 落	luò	[动]	to fall
25. 顺利	shùnlì	[形]	smooth
26. 如果	rúguǒ	[连]	if
27. 人类	rénlèi	[名]	human being
28. 孤独	gūdú	[形]	lonely
29. 钓鱼	diào yú		to go fishing
30. 一言为定	yì yán wéi dìng		It's a deal.

语言点

一、一……就……

关联词语"一……就……"表示两件事紧接着发生,前一件事往往是后一件事的条件。例如:

(1) 他一下课就骑车回家。
(2) 你一到机场就会有朋友来接你。
(3) 我一有钱就马上还你。

二、着

助词"着"紧跟在动词、形容词后,表示动作正在进行或状态持续,否定式用"没(有)……着"。例如:

(1) 我醒来的时候,爸爸还在工作着。
(2) 操场上跑着一群运动员。
(3) 桌子上没放着你的书。
(4) 屋子里没亮着灯。

"着"也可以和表示动作进行的副词"正(在)"、语气词"呢"结合使用,构成"正(在)+动词/形容词+着+呢"格式,表示动作进行或状态持续。例如:

(1) 他们正上着课呢。
(2) A:你吃饭了吗?
    B:正吃着呢。
(3) 银行的大门晚上十点还开着呢。

三、如果……(的话)

连词"如果……(的话)"表示假设,用于前一小句,后一小句常用"那么、就"等。例如:

(1) 如果明天下大雨(的话),我们就不能去爬山了。

(2) 如果李明来了（的话），叫他来我办公室。

"如果……（的话）"也可以用于后一小句。例如：
(1) 李明可以用我的办公室，如果他愿意（的话）。
(2) 你随时可以请假，如果身体不好（的话）。

练习

一、读读写写

世界　田野　森林　乡下　傍晚　宿舍　音乐会　倾听　环境
立刻　消失　准时　聚集　热闹　举办　感觉　语言　污染

二、为下列汉字加偏旁，然后再组词

鸟 { （　　）_____ 　里 { （　　）_____ 　亥 { （　　）_____
　　（　　）_____ 　　　（　　）_____ 　　　（　　）_____

兆 { （　　）_____ 　肖 { （　　）_____ 　青 { （　　）_____
　　（　　）_____ 　　　（　　）_____ 　　　（　　）_____

门 { （　　）_____ 　欠 { （　　）_____
　　（　　）_____ 　　　（　　）_____

三、写出下列词语的反义词

爱_____　美_____　多_____　立刻_____　消失_____
聚集_____　热闹_____　寂寞_____　快乐_____　忘记_____

四、选词填空

变　变成　变化

1. 春天来了，草地都_____绿了。

2. 好多年不见，她的样子完全_____了，可是她丈夫的_____却不大。
3. 来中国以后，玛丽的生活发生了一些_____。
4. 零度以下，水会_____冰。
5. 最后，丑小鸭_____了白天鹅。
6. 昨天说好的事，今天你怎么又_____了？

准时　　及时

1. 你明天早上千万不能迟到，那个重要的会议九点钟一定要_____举行。
2. 你给我的帮助很_____，不然的话，我真的不知道该怎么办了。
3. 还好他_____伸手接住了杯子，杯子才没掉在地上。

五、在横线上填写适当的动词

1. 他的手里_____着一束花，站在学校门口_____着他的女朋友。
2. 她_____着一把花雨伞，慢慢地在雨中_____着。
3. 上课时，同学们安安静静地_____着老师讲课。
4. 电视里正_____着一部韩国电影。
5. 你找小李啊，他还在食堂里_____着饭呢。
6. 树上_____着很多红花。
7. 墙上_____着一幅油画。
8. 校门口_____着几辆汽车。
9. 桌上_____着一台电视机。
10. 马路两边_____着一些树。

六、用"一……就……"完成句子

1. 他一下课_____
2. 这孩子一看见她妈妈_____
3. 地铁站离这儿不远，你一_____
4. 一下雨，_____
5. 一_____，我就_____

七、用"如果……(的话)"把左右两边的内容连起来说一说

下雨　　　　　　觉得非常无聊
生病　　　　　　躺在床上休息
有钱　　　　　　去逛街
没有工作　　　　周游世界
有空　　　　　　待在宿舍里

八、讨论

1. 文中的"我"为什么爱鸟？
2. 介绍一种你喜欢的鸟。
3. 周末你喜欢干什么？

副课文

谁发现了色盲现象？

色盲现象是英国著名的化学家道尔顿发现的。

道尔顿28岁时给妈妈买了一双袜子作为生日礼物。妈妈看了大吃一惊："我这么大年纪了，怎么可以穿红色的袜子？"道尔顿不相信，争辩道："这明明是双灰色的袜子呀！"后来，别人都说这双袜子是红色的，道尔顿这才相信是自己错了。他感到十分奇怪：为什么自己看是灰色的而别人却说是红色的呢？他又指着自己的上衣问别人是什么颜色，别人告诉他是绿色的，而他自己一直以为是暗红色的。

道尔顿迷惑了。于是，他放下手中的试验，仔细钻研这种奇怪的生理现象，结果发现了色盲现象。

事实上，在道尔顿之前有很多人是色盲，为什么没有人发现色盲现象

呢？这是因为道尔顿具有敏锐的观察力。他能从日常生活细微的小事中发现问题，这就使他成为了世界上首位发现色盲现象的人。

（选自《读者》2005年第6期，有改动）

生词

1. 色盲	sèmáng	[名]	achromatopsia
2. 现象	xiànxiàng	[名]	phenomenon
3. 化学	huàxué	[名]	chemistry
4. 袜子	wàzi	[名]	socks
5. 争辩	zhēngbiàn	[动]	to contest
6. 迷惑	míhuò	[动]	to puzzle
7. 试验	shìyàn	[名]	experiment
8. 钻研	zuānyán	[动]	to study intensively
9. 生理	shēnglǐ	[名]	physiology
10. 敏锐	mǐnruì	[形]	acute
11. 观察	guānchá	[动]	to observe
12. 细微	xìwēi	[形]	tiny

回答问题

1. 道尔顿是怎样发现色盲现象的？
2. 道尔顿是一个怎样的人？
3. 介绍一位你喜欢的科学家并说明理由。

第二课　母亲节的礼物

一

母亲节这天，妻子收到了儿子的礼物：一只手工制作的小鸭子——一只很不错的小鸭子。妻子弯下腰抚摸着儿子的头，对他说："做得真好，谢谢你送我的礼物……"

"妈妈"，孩子伸出小手，指着小鸭子的底部说，"这上面还有我的祝福呢！老师让我自己说，她帮我写上去的。"

哦？妻子很有兴趣地翻过来，看到了这样一行字："祝妈妈每天早上不生气。"这算什么祝福？我问他："你为什么要祝妈妈早上不生气？"

儿子的回答让我很吃惊。他说："如果早上生气，会难过一天；如果晚上生气，睡一觉就忘了。"他从哪里学来的这些东西？我问他怎么知道的，他低头小声地说："有时候你们早上对着我大声说话，我就会生气，会难过一天。"

孩子流下了眼泪。听着这样的话,我的心像被别人抓了一把似的疼痛。是啊,每天早晨起来都忙忙乱乱的,看到孩子慢慢地穿衣服,不紧不慢地洗脸吃饭,我们就会对他嚷嚷。有时他还被我像提小鸡一样,拉到这儿,推到那儿……没想到这些事都被孩子记在了心里,用一天的时间来慢慢消化早上的难过。

曾经有一篇标题是《微笑的早晨》的文章说:"每天早晨对别人微笑,能使别人快乐一天,也能使自己快乐一天……"我以为这只是对大人说的,没想到对孩子也是这样的。想到教育学家常提醒父母"不要用语言暴力伤害孩子"的忠告,我深深地觉得对不起孩子!

妻子眼含泪花,弯下腰,把孩子紧紧搂在怀里……

(选自《幼教博览》2005年第9期,有改动)

二

7岁时,您对我说:"你是最好的。"我不懂。

17岁时,您对我说:"你是最好的。"我以为是理所当然的。

27岁时,您对我说:"你是最好的。"我哭了,因为只有您还如此相信,我还是一个可以升值的宝贝。

37岁的我,要对您说:"妈妈,其实,您才是最好的!"

(选自《感动》2006年5月,朝花出版社,有改动)

第二课 母亲节的礼物

生词

1.	礼物	lǐwù	[名]	gift
2.	手工	shǒugōng	[名]	handcraft
3.	制作	zhìzuò	[动]	to make
4.	弯	wān	[动]	to bend
5.	腰	yāo	[名]	waist
6.	抚摸	fǔmō	[动]	to feel
7.	伸	shēn	[动]	to stretch
8.	吃惊	chījīng	[动]	to be astonished
9.	难过	nánguò	[形]	sad
10.	流	liú	[动]	to flow
11.	眼泪	yǎnlèi	[名]	tears
12.	抓	zhuā	[动]	to scratch
13.	似的	shìde	[助]	an auxiliary word
14.	疼痛	téngtòng	[形]	painful
15.	嚷嚷	rāngrang	[动]	to shout
16.	提	tí	[动]	to lift
17.	拉	lā	[动]	to pull
18.	推	tuī	[动]	to push
19.	消化	xiāohuà	[动]	to digest
20.	曾经	céngjīng	[副]	ever
21.	教育学	jiàoyùxué	[名]	pedagogy
22.	提醒	tíxǐng	[动]	to remind
23.	暴力	bàolì	[名]	violence
24.	伤害	shānghài	[动]	to hurt
25.	忠告	zhōnggào	[名]	advice
26.	搂	lǒu	[动]	to cuddle

27. 怀	huái	[名]	in one's arms
28. 升	shēng	[动]	to rise
29. 值	zhí	[名]	value

专名

母亲节　　Mǔqīn Jié　　Mother's Day

语言点

"被"字句

"被"经常用来引出动作者，构成被动句。被动句的一般结构是：主语（受动者）+被+宾语（动作者）+动词+其他成分。例如：

(1) 我被大家说服了。（动词后有动态助词"了"）
(2) 他的钱包被小偷偷去了。（趋向补语）
(3) 我被这部电影吓坏了。（程度补语）
(4) 他曾经被警察关了两年。（数量补语）
(5) 我们没有被困难难倒。（结果补语）

不需要强调或动作者不明确时，"被"字的宾语可以省略。例如：

(1) 我被说服了。
(2) 他的钱包被偷去了。
(3) 我被吓坏了。
(4) 他曾经被关了两年。
(5) 我们没有被难倒。

否定副词或能愿动词要放在"被"的前面，否定句尾不能出现"了"。例如：

我的字典被同学借走了。

——→我的字典没有被同学借走。

练习

一、读读写写

礼物　手工　制作　抚摸　兴趣　回答　吃惊　眼泪　难过
疼痛　升值　消化　曾经　教育　提醒　暴力　伤害　忠告

二、为下列汉字加偏旁，然后再组词

氐 { (　　) _____　　佳 { (　　) _____　　娄 { (　　) _____
　{ (　　) _____　　　 { (　　) _____　　　 { (　　) _____

早 { (　　) _____　　昔 { (　　) _____　　京 { (　　) _____
　{ (　　) _____　　　 { (　　) _____　　　 { (　　) _____

寸 { (　　) _____　　见 { (　　) _____
　{ (　　) _____　　　 { (　　) _____

三、填写适当的词语

收到（　　　　）（　　　　）

抚摸（　　　　）（　　　　）

伸出（　　　　）（　　　　）

提醒（　　　　）（　　　　）

伤害（　　　　）（　　　　）

祝福（　　　　）（　　　　）

四、填写合适的量词

一_____衣服　　一_____手　　一_____鸭子　　一_____礼物

一_____微笑　　一_____心　　一_____忠告　　一_____文章

一_____窗户　　一_____灯　　一_____筷子　　一_____超市

五、用助词"的""地"或"得"填空

1. 中国_____人口有 13 亿，是世界上人口最多的国家。
2. 上个星期，我们高高兴兴_____去游览了苏州。
3. 山田_____中文歌唱_____很好。
4. 我妈妈做_____饭好吃极了。这个周末我请你们到我家去吃饭。
5. 老师说_____话你都听_____懂吗？
6. 我不喜欢白色_____衣服。
7. 做完作业后最好再认真_____检查一遍。
8. 他是我们班学习最努力_____学生，学_____也很好。

六、选词填空

抚摸　伸　指　翻　拉　推

1. 坐地铁的时候要小心一点儿，不要_____别人。
2. 妈妈轻轻地_____着他的头说："你真是一个好孩子。"
3. 老师让学生们打开书，_____到第 59 页。
4. 那个孩子紧紧地_____住妈妈的衣服，不让妈妈离开。
5. 用手_____人是非常不礼貌的行为。
6. _____出你的手来看看，你的手干净吗？

消失　消化

1. 吃饭时不要吃得太快了，这样对_____不好。
2. 这孩子，刚才还在这儿呢，怎么一下子就_____了？

接到   接受

1. 昨天晚上我_____一个奇怪的电话，我很担心。
2. 我在小王生日那天送给他一件礼物，没想到他却不_____。

七、仿照例子，用下列词语完成"被"字句

例：头发   剪

　　他的头发被他妈妈剪了。

1. 房间　　　　　　弄脏
2. 这个月的工资　　花
3. 面包　　　　　　吃
4. 小明　　　　　　骂
5. 小偷　　　　　　抓
6. 孩子　　　　　　送

八、改病句

1. 今天的作业被我没做完。
2. 真对不起，你的照相机被我坏了。
3. 昨天我被自行车撞。
4. 我们班的好几个同学都被感冒了。
5. 我的字典被小李肯定拿走了。

九、讨论

1. 文中妻子收到孩子送的礼物为什么哭了？
2. 你觉得"晚上生气比早上生气好"吗？为什么？
3. 在你们国家，母亲节的时候人们做什么？
4. 在你们国家，你觉得什么节日最有意思？为什么？
5. 你喜欢中国的哪个节日？为什么？

副课文

佛会知道

我的一个朋友到曼谷旅游，在货摊上看见了许多可爱的纪念品。他选中三件后就问价钱，女摊主的回答是每个 100 元，他还价 60 元，说了半天，可女摊主就是不同意。最后她说："我每卖出 100 元，才能从老板那里得到 16 元，如果 60 元就卖了，什么也赚不到。"

他听后，突然想出一个好主意，赶快说："这样吧，你卖给我 60 元一个，我另外给你 20 元报酬。这样比老板给你的还多，而我也少花一点儿钱，双方都有好处。"他以为女摊主会立刻答应，但她却摇了摇头。他又赶快补上一句："你的老板不会知道的，别担心。"她看着我的朋友，坚决地摇摇头说："佛会知道。"

（选自《读者》2003 年第 14 期，有改动）

生词

1.	佛	fó	[名]	Buddha
2.	货	huò	[名]	goods
3.	摊	tān	[名]	stall
4.	纪念品	jìniànpǐn	[名]	souvenir
5.	价钱	jiàqián	[名]	price
6.	还价	huán jià		to bargain
7.	同意	tóngyì	[动]	to agree
8.	老板	lǎobǎn	[名]	boss
9.	赚	zhuàn	[动]	to make a profit

10. 主意	zhǔyi	[名]	idea
11. 另外	lìngwài	[副]	in addition
12. 报酬	bàochóu	[名]	reward
13. 好处	hǎochù	[名]	advantage
14. 补	bǔ	[动]	to add

回答问题

1. 女摊主卖出那三件纪念品，自己可以挣多少钱？
2. 女摊主为什么不同意"我"朋友的主意？
3. 你最想去哪里旅游？为什么？
4. 来到中国后，你给家人或朋友买过什么礼物？

第三课 在诺贝尔奖颁奖晚宴上的致辞*

一

国王陛下、王子殿下、先生们、女士们：

我的朋友曾经对我说："令堂大人将会感到多么骄傲啊！她没有活着是多么遗憾啊！令尊大人也是如此！不然，他们将会为你感到多么骄傲啊！"

"甚至会比我的孩子成为医生还骄傲吗？"我问道，"甚至比我的孩子成为教授还感到骄傲吗？"

"比所有这一切都更骄傲。"

我说："如果我的母亲还活着，她应该有九十九岁了。她很可能会患老年痴呆症，根本不知道周围发生了什么事情。"

可是，当时我的确没有明白这个朋友的意思。她说得对。我的母亲一定会非常骄傲："我的儿子是诺贝尔奖获得者。"

假如我们为获得诺贝尔奖所做的一切不是为了我们的母亲，我们又在为谁努力呢？

"妈妈，妈妈，我得了诺贝尔奖！"

"太棒了，亲爱的。现在你该把胡萝卜吃完，不然它们就凉了。"

---

* 约翰·麦斯威尔·库切，南非著名作家，1940年生于南非开普敦市，本文是他2003年获诺贝尔文学奖时，在颁奖晚宴上的致辞。

为什么我们抱着大奖跑回家,她们就已经九十九岁了,甚至已经长眠了!

对于长眠了已经100多年的阿尔弗雷德·诺贝尔,对于忠实地执行他的遗嘱并为我们带来这个美妙夜晚的诺贝尔基金会,我表示衷心感谢。我的父母没能来到这里,我感到多么遗憾!

谢谢你们。

（选自《读者》2004年9月,有改动）

二

小时候
乡愁是一枚小小的邮票
我在这头
母亲在那头

长大后
乡愁是一张窄窄的船票
我在这头
新娘在那头

后来呵
乡愁是一方矮矮的坟墓
我在外头
母亲呵在里头

而现在
乡愁是一湾浅浅的海峡
我在这头
大陆在那头

（余光中《乡愁》）

生词

1.	颁奖	bān jiǎng		awarding
2.	致辞	zhìcí	[名、动]	to address
3.	陛下	bìxià	[名]	Your Majesty
4.	殿下	diànxià	[名]	highness
5.	先生	xiānsheng	[名]	sir
6.	女士	nǚshì	[名]	lady
7.	令堂	lìngtáng	[名]	your mother
8.	骄傲	jiāo'ào	[形]	proud
9.	遗憾	yíhàn	[形]	pity
10.	令尊	lìngzūn	[名]	your father
11.	甚至	shènzhì	[副]	even
12.	医生	yīshēng	[名]	doctor
13.	教授	jiàoshòu	[名]	professor
14.	患	huàn	[动]	to suffer from
15.	老年痴呆症	lǎonián chīdāizhèng		senile dementia
16.	明白	míngbai	[动]	to understand
17.	获得	huòdé	[动]	to gain
18.	棒	bàng	[形]	great

19. 胡萝卜	húluóbo	[名]	carrot
20. 不然	bùrán	[连]	otherwise
21. 凉	liáng	[形]	cool
22. 长眠	chángmián	[动]	to die
23. 忠实	zhōngshí	[形]	loyal
24. 执行	zhíxíng	[动]	to carry out
25. 遗嘱	yízhǔ	[名]	will
26. 美妙	měimiào	[形]	wonderful
27. 衷心	zhōngxīn	[副]	sincerely
28. 愁	chóu	[名]	sadness
29. 枚	méi	[量]	a measure word
30. 坟墓	féngmù	[名]	grave
31. 浅	qiǎn	[形]	shallow
32. 海峡	hǎixiá	[名]	straits

专名

阿尔弗雷德·诺贝尔　　Ā'ěrfúléidé Nuòbèi'ěr　　Alfred Nobile

语言点

"（多么）……啊！"

表示夸张的语气和强烈的感情色彩，用于感叹句中。例如：

（1）今天的月亮多么圆啊！

(2) 这个公园多么美啊!
(3) 今天比昨天更冷啊!

练习

一、读读写写

致辞　　令堂　　令尊　　骄傲　　遗憾　　甚至　　医生　　教授
长眠　　不然　　获得　　忠实　　执行　　遗嘱　　美妙　　衷心

二、为下列汉字加偏旁，然后再组词

乔 { (　　) _____　　　至 { (　　) _____　　　正 { (　　) _____
　 { (　　) _____　　　　 { (　　) _____　　　　 { (　　) _____

月 { (　　) _____　　　舌 { (　　) _____　　　少 { (　　) _____
　 { (　　) _____　　　　 { (　　) _____　　　　 { (　　) _____

中 { (　　) _____　　　角 { (　　) _____
　 { (　　) _____　　　　 { (　　) _____

三、写出下列词语的同义词

致辞_____　　令尊_____　　令堂_____　　骄傲_____
长眠_____　　医生_____　　假如_____　　获得_____

四、用适当的词语填空

感到（　　　　）（　　　　）
明白（　　　　）（　　　　）
获得（　　　　）（　　　　）
执行（　　　　）（　　　　）

五、选词填空

> 的确　确实

1. 他明天去不去，我_____不知道。
2. 我知道他_____是生病了，所以才没来上课。
3. 西湖_____很美，"上有天堂，下有苏杭"这句话，我信了。
4. 这个消息_____吗？可别听错了。

六、用所给的词语完成感叹句

1. 街道、干净：_____
2. 教室、明亮：_____
3. 月亮、圆：_____
4. 风景、优美：_____
5. 国家、发达：_____

七、用所给的词语完成句子

1. 快下雨了，我们赶快走吧，_____。（不然）
2. 时间快到了，_____。（不然）
3. 学语言应该多听、多说、多写，_____。（不然）
4. 我来中国才两个月，_____。（根本）
5. 他的爸爸早就失业了，_____。（根本）
6. 这台电脑_____。（根本）

八、讨论

1. 你能介绍一些关于阿尔弗雷德·诺贝尔的情况吗？
2. 你以前获过什么奖吗？你获奖的消息第一个告诉了谁？

副课文

了不起的"了"

一天,一位热爱中文的朋友忽然提出了一个新颖而有趣的看法。他认为"了"这个字,是方块字里最具震撼力的。

我笑着问他缘由,他一丝不苟地说:"它是中文里的过去式——它一出现,事情往往就成为过去的了,后悔、叹息、哭泣,全都没用。"

我细细一想,果然就是这样的。

走了、完了、断了、死了。

了、了、了、了。非常坚决。

"了",它一出现,天大的事,都成了明日黄花,没有商量的可能,没有改变的余地,更没有重新再来的机会。

"了",它大模大样地坐在字里行间,威严而肃穆。它的出现,代表了大局已定,标志着一切都画上了一个句号。它让你惊,让你痛,让你惧,让你悲。

"了",它是"文字的警钟",教人学会珍惜的道理。

珍惜人、珍惜物。

爱过了,即使有一天,物碎了,人亡了,但感情永远在心上。

(选自《读者》2006年1月,有改动)

生词

1. 新颖	xīnyǐng	[形]	novel
2. 震撼力	zhènhànlì	[名]	convulsion
3. 缘由	yuányóu	[名]	reason

4. 看法	kànfǎ	[名]	opinion
5. 一丝不苟	yì sī bù gǒu		serious-minded
6. 后悔	hòuhuǐ	[动]	to regret
7. 叹息	tànxī	[动]	to sigh
8. 哭泣	kūqì	[动]	to weep
9. 断	duàn	[动]	to break
10. 明日黄花	míngrì huánghuā		outmoded
11. 商量	shāngliang	[动]	to consult
12. 可能	kěnéng	[名]	possibility
13. 余地	yúdì	[名]	space
14. 大模大样	dà mó dà yàng		in an ostentatious manner
15. 字里行间	zì lǐ háng jiān		between the lines
16. 威严	wēiyán	[形]	august
17. 肃穆	sùmù	[形]	solemn
18. 大局	dàjú	[名]	overall situation
19. 标志	biāozhì	[动]	to indicate
20. 句号	jùhào	[名]	full stop
21. 惧	jù	[动]	scared
22. 悲	bēi	[形]	sorrowful
23. 警钟	jǐngzhōng	[名]	alarm
24. 珍惜	zhēnxī	[动]	to cherish
25. 亡	wáng	[动]	to die

回答问题

1. 你赞不赞成这位朋友的说法？为什么？
2. 为什么说"了"是"文字的警钟"？

3. 你最喜欢哪个汉字？为什么？
4. 在你的母语中，你觉得哪个字或者字母最有意思？请说出理由。
5. 你最后悔的事是什么？

第二单元
心得篇

第四课 读 书

一

　　有人说，现代的儿童普遍有个共同倾向，就是把大部分时间花费在看电视和看漫画书上，而不是喜欢阅读文字比较多的书籍。

　　这样的孩子，外表看起来很聪明，见识也很广，但是缺乏深入思考的耐心，知识虽然多，可是他们的知识比较肤浅，反应虽然快却没有经过好好儿考虑。

　　造成这种现象的原因很多，影视技术的进步，使人们一点儿都不费力就可以坐在荧光屏前获得各种各样的知识；也可以轻轻松松地在短短的时间内欣赏完一部很长很长的文学作品。相比起来，阅读书籍就成为辛苦、乏味、寂寞的事儿了。因此，能够专心读书的儿童已经不多了。

　　小朋友可能读过《格林童话》，也可能看过它的卡通，但在读小说的时候，感受到的是语言和文字的美，而且还会留下难忘的感觉。卡通虽然也让你感觉到艺术的美，但是欣赏的过程却是相当短暂的。

如果把读书比喻成丰盛的宴席，荧光屏前的观赏就是吃快餐、吃零食。同样都是吃，味道却不相同。

你愿意让你的孩子吃宴席还是吃快餐呢？

（选自《课外美文》，江苏教育出版社2001年1月，有改动）

二

玛丽：你昨天晚上为什么没去图书馆？

汤姆：我得了重感冒，头疼得不得了。

玛丽：那你去看病了吗？

汤姆：看了。在中国看病真麻烦。我先在一楼排队挂号，然后到三楼候诊室排队看病，最后又到二楼排队拿药。看病的人真多！

玛丽：是啊，最近很多人都得了流感。

汤姆：唉！医院里又吵又烦，我的头更疼了。不过，我跑上跑下，出了一身汗，病倒也好了！

玛丽：看来，你以后生病就不用去医院了！

生词

1. 现代	xiàndài	[形]	modern
2. 普遍	pǔbiàn	[形]	prevalent

3.	倾向	qīngxiàng	[名]	tendency
4.	花费	huāfèi	[动]	to cost
5.	漫画	mànhuà	[名]	cartoon
6.	阅读	yuèdú	[动]	to read
7.	书籍	shūjí	[名]	book
8.	广	guǎng	[形]	broad
9.	缺乏	quēfá	[动]	to lack
10.	思考	sīkǎo	[动]	to think
11.	耐心	nàixīn	[名]	patience
12.	知识	zhīshi	[名]	knowledge
13.	肤浅	fūqiǎn	[形]	shallow
14.	反应	fǎnyìng	[名]	reaction
15.	考虑	kǎolǜ	[动]	to consider
16.	技术	jìsù	[名]	technology
17.	进步	jìnbù	[名]	advancement
18.	荧光屏	yíngguāngpíng	[名]	screen
19.	轻松	qīngsōng	[形]	light-hearted
20.	欣赏	xīnshǎng	[动]	to appreciate
21.	辛苦	xīnkǔ	[形]	painstaking
22.	乏味	fáwèi	[形]	dull
23.	专心	zhuānxīn	[形]	attentive
24.	卡通	kǎtōng	[名]	cartoon
25.	艺术	yìshù	[名]	art
26.	相当	xiāngdāng	[副]	rather
27.	短暂	duǎnzàn	[形]	short
28.	丰盛	fēngshèng	[形]	rich
29.	宴席	yànxí	[名]	banquet
30.	挂号	guà hào		to register
31.	候诊室	hòuzhěnshì	[名]	waiting-room in the hospital

32. 吵	chǎo	[形]	noisy
33. 烦	fán	[形]	annoyed
34. 倒	dào	[副]	but

专名

格林童话　　　Gélín Tónghuà　　　name of a children's story

语言点

一、不是……而是……

表示否定前者，肯定后者。例如：
(1) 她不是我的女朋友，而是我的妹妹。
(2) 她今天早上不是吃的面条儿，而是吃的面包。

二、虽然……，但是（/却）……

表示转折，"但是（/却）"引出与"虽然"相对立的意思。例如：
(1) 虽然我在中国住了三年，但是我的汉语说得并不好。
(2) 虽然我在中国住了三年，（但是）我的汉语却说得并不好。
(3) 我邻居的孩子虽然很小，但是非常聪明。
(4) 我邻居的孩子虽然很小，但（他）却非常聪明。

练习

一、读读写写

现代　儿童　普遍　共同　倾向　花费　漫画　阅读
书籍　聪明　缺乏　思考　耐心　知识　考虑　欣赏

二、为下列汉字加偏旁，然后再组词

化{（　）_____　（　）_____}　　扁{（　）_____　（　）_____}　　曼{（　）_____　（　）_____}

兑{（　）_____　（　）_____}　　才{（　）_____　（　）_____}　　文{（　）_____　（　）_____}

夕{（　）_____　（　）_____}　　未{（　）_____　（　）_____}

三、填写适当的词语

共同_____　　阅读_____　　花费_____　　缺乏_____

获得_____　　欣赏_____　　知识_____　　外表_____

四、写出下列词语的反义词

多_____　　普遍_____　　喜欢_____　　聪明_____

广_____　　肤浅_____　　辛苦_____　　短暂_____

五、选词填空

　　或者　还是　也

1. 她的妈妈是大学老师，她的爸爸_____是大学老师。
2. 今天下午我在图书馆看书，_____在操场上打篮球。
3. 你喜欢看中国电影_____韩国电影？

4. 我_____是去年的这个时候去北京旅游的。

5. 一般来说,我晚上六点_____六点半吃晚饭。

6. 明天的会你参加_____我参加?

> 普遍　普通

1. 小王是个_____工人,每天过着相同的日子。

2. 美国的家庭_____都有私家车,所以很多人都会开车。

3. 现代的年轻人_____喜欢发电子邮件和朋友交流。

4. 那种发型很_____,可不可以换一种?

六、仿照例子,用"虽然……但是……"、"虽然……却……"和"虽然……但却……"造句

例:个子　　体重

小李虽然个子不高,但是体重有八十公斤。

小李虽然个子不高,体重却有八十公斤。

小李虽然个子不高,但却有八十公斤。

1. 面积　　　　人口
2. 味道　　　　价格
3. 学校　　　　学生
4. 国家　　　　经济
5. 春天　　　　气温

七、用"不是……而是……"把左右两边的内容连起来说一说

韩国人　　　　　日本人

学汉语　　　　　学英语

看电视　　　　　听音乐

出租车　　　　　公共汽车

女朋友　　　　　妹妹

旅游　　　　　　上班

八、讨论

1. 如果孩子看电视或漫画书的时间太长而不喜欢阅读文字会有什么不好的影响？
2. 为什么很多儿童喜欢看电视而不喜欢读书？
3. 读书、看电视和吃有什么联系？
4. 介绍一本你最喜欢看的书。
5. 介绍一个你最喜欢看的卡通片。

副课文

谁是我们一生中最重要的人？

在美国的一所大学里，快下课时，教授对学生们说："我和大家做个游戏，谁愿意配合我一下？"

一名女生走上讲台。

教授说："请在黑板上写下你最不愿意离开的 20 个人的名字。"女生照着做了，她写下了自己的邻居、朋友和亲人的名字。

教授又说："请你在这些名字中划掉一个你认为最不重要的人。"女生划掉了一个邻居的名字。

教授又说："请你再划掉一个。"女生又划掉了她的一个同事。

教授又说："请你再划掉一个。"女生又划掉了一个……最后，黑板上只剩下她的父母、丈夫和孩子。

教室里非常安静，同学们静静地看着教授，感觉这似乎已不再是一个游戏了。

教授平静地说："请再划掉一个。"女生犹豫了，艰难地做着选择……她举起粉笔，划掉了自己父母的名字。

"请再划掉一个。"

这名女生惊呆了,她颤抖地举起粉笔,缓慢地划掉了儿子的名字。接着,她"哇"的一声哭了,样子非常痛苦。

教授等她稍微平静后问道:"和你最亲的人应该是你的父母和你的孩子,因为父母养育了你,孩子是你亲生的,而丈夫是可以重新去找的,但为什么他却是你最难割舍的人呢?"

同学们静静地看着那位女生,等待着她的回答。

女生缓慢而又坚定地说:"随着时间的推移,父母会先我而去,孩子长大成人后会独立,肯定也会离我而去。能真正陪伴我度过一生的只有我的丈夫!"

(选自《读者》2004 年 9 月,有改动)

生词

1. 游戏	yóuxì	[名]	game
2. 配合	pèihé	[动]	to cooperate
3. 黑板	hēibǎn	[名]	blackboard
4. 邻居	línjū	[名]	neighbour
5. 划掉	huádiào	[动]	to erase
6. 同事	tóngshì	[名]	colleague
7. 似乎	sìhū	[动]	to seem
8. 犹豫	yóuyù	[动]	to hesitate
9. 艰难	jiānnán	[形]	difficult
10. 举	jǔ	[动]	to raise
11. 惊呆	jīngdāi	[动]	to be shocked
12. 颤抖	chàndǒu	[动]	to tremble
13. 缓慢	huǎnmàn	[形]	slow

14. 痛苦	tòngkǔ	[形]	painful
15. 稍微	shāowēi	[副]	a bit
16. 养育	yǎngyù	[动]	to foster
17. 割舍	gēshě	[动]	to desert
18. 推移	tuīyí	[动]	to pass
19. 独立	dúlì	[动]	to be independent
20. 陪伴	péibàn	[动]	to accompany

回答问题

1. 如果你是文中的女生,你会怎么做?
2. 你认为生命中最重要的人是谁?为什么?
3. 介绍一种游戏并和你的同学一起玩儿这种游戏。

第五课　人性的善良

一

一个旅游团坐竹排游览，突然一个浪打来，竹排翻了，上面的十几名游客全落入水中，其中有一对新婚夫妻，也有抱着孩子的女人，还有银婚的老夫妻……竹排上的人，会游泳的只有一个，他就是那个新郎。他抓住了离自己最近的女人，女人的手里，还有始终没有放手的孩子。

再下水，还是救了能抓到的人。等他游到第五个人身边时已经筋疲力尽，而自己不会游泳的新婚妻子已经漂走了。蜜月竟然成了永别。很多报纸采访他，问他当时是怎么想的，为什么先救的是老人、孩子和离自己最近的女人？为什么没有去救自己的新婚妻子？

记者们想要的答案是"别人的生命比他自己妻子的生命重要"，那么，他的行为就会显得多么崇高，多么伟大。但是他说：

"当时没有想什么，只知道救一个是一个。他们就在我手边，我怎么能抛弃他们而游到远处找自己的妻子？一切都是出于我的本能。"

眼泪，差点儿为这句话落下来。

只是出于本能，人善良的本能，在生死时刻，闪出动人的光辉。

还有一个故事，一个人贩子的故事。他拐了一个四岁的男孩儿。在火车上，男孩儿没有像其他孩子那样哭，一直叫他叔叔，而且求着叔叔讲故事给他听。孩子说："叔叔，你是不是也给你的儿子讲故事听他才睡觉？"

这句话打动了他，他有一个五岁的女儿，每天缠着他讲故事。就在那时，他决定把孩子送回去，因为孩子那双眼睛信任地看着他，把他当作朋友一样。

后来，除了他，所有案犯都是死刑。如果没有这个孩子，他早晚会被警察逮到，最后也会是死刑。是他自己的那点儿善良救了他，是那一点儿善良让他明白，最狠毒的人，也会有一点儿柔软的地方。

（选自《读者》2004年9月，有改动）

二

海伦：昨天我在街上碰到我们班的杰克了。他和一个漂亮的女孩儿在一起。

汤姆：那个女孩儿是不是个子高高的？头发长长的？

海伦：对呀，你认识她？

汤姆：那是他的邻居。

海伦：你怎么知道的？

汤姆：杰克告诉过我，他来中国第一次生病时，是那个女孩儿送他去医院看病的，她可帮了杰克的大忙了。

海伦：哦，真是远亲不如近邻啊。

生词

1.	人性	rénxìng	[名]	humanity
2.	善良	shànliáng	[形]	kind
3.	竹排	zhúpái	[名]	bamboo raft
4.	银	yín	[名]	silver
5.	新郎	xīnláng	[名]	bridegroom
6.	始终	shǐzhōng	[副]	all along
7.	救	jiù	[动]	to save
8.	筋疲力尽	jīn pí lì jìn		exhausted
9.	漂	piāo	[动]	to float
10.	蜜月	mìyuè	[名]	honeymoon
11.	竟然	jìngrán	[副]	actually
12.	永别	yǒngbié	[动]	to farewell
13.	采访	cǎifǎng	[动]	to interview
14.	答案	dá'àn	[名]	answer
15.	崇高	chónggāo	[形]	lofty
16.	伟大	wěidà	[形]	great
17.	抛弃	pāoqì	[动]	to desert
18.	本能	běnnéng	[名]	instinct
19.	闪	shǎn	[动]	to flash
20.	光辉	guānghuī	[名]	brilliance

21. 人贩子	rénfànzi	[名]	trader in human beings
22. 拐	guǎi	[动]	to abduct
23. 信任	xìnrèn	[动]	to trust
24. 除了	chúle	[介]	except or besides
25. 案犯	ànfàn	[名]	criminal
26. 死刑	sǐxíng	[名]	execution
27. 警察	jǐngchá	[名]	police
28. 逮	dǎi	[动]	to arrest
29. 狠毒	hěndú	[形]	venomous
30. 柔软	róuruǎn	[形]	soft

语言点

一、差点儿

副词"差点儿"表示事情没实现;"差点儿没(/不)"是庆幸事情终于实现。例如:

(1) 昨天我起晚了,差点儿就迟到了。(事实上没迟到)

(2) 我差点儿被汽车撞了。(事实上没被车撞)

(3) 我差点儿考上那所大学。(事实上没考上)

(4) 我儿子差点儿没考上那所大学。(事实上考上了)

(5) 山本的考试差点儿不及格。(事实上及格了)

二、除了……(以外/之外)

1. "除了……(以外/之外)"后面常有副词"还、也"或"又"等,表示加合关系。例如:

(1) 小李除了会说英语(以外/之外),还会说德语。

(2) 除了小李会说英语（以外/之外），小王也会说。

(3) 除了小李去看电影（以外/之外），小王也去看。

2. "除了……（以外/之外）"后面常跟副词"都"，表示排除关系。
例如：

(1) 除了 1 米 1 以下的孩子以外，其余的人都要买票。

(2) 公司里除了总经理以外，大家都不喜欢刘秘书。

练习

一、读读写写

善良　游览　始终　竟然　采访　答案　别人　崇高
伟大　抛弃　本能　光辉　故事　决定　信任　例外

二、为下列汉字加偏旁，然后再组词

包 { ( ) ＿＿＿＿ ( ) ＿＿＿＿ }　　良 { ( ) ＿＿＿＿ ( ) ＿＿＿＿ }　　爪 { ( ) ＿＿＿＿ ( ) ＿＿＿＿ }

票 { ( ) ＿＿＿＿ ( ) ＿＿＿＿ }　　求 { ( ) ＿＿＿＿ ( ) ＿＿＿＿ }　　反 { ( ) ＿＿＿＿ ( ) ＿＿＿＿ }

另 { ( ) ＿＿＿＿ ( ) ＿＿＿＿ }　　车 { ( ) ＿＿＿＿ ( ) ＿＿＿＿ }

三、写出下列词语的反义词

新 ＿＿＿＿　　哭 ＿＿＿＿　　伟大 ＿＿＿＿　　善良 ＿＿＿＿
近 ＿＿＿＿　　重 ＿＿＿＿　　老 ＿＿＿＿　　抓紧 ＿＿＿＿

四、选词填空

落入　抱着　抓到　漂走　采访　抛弃　当作　缠着

1. 虽然她比我小三岁，可我把她_____是我的姐姐。
2. 记者的工作很有意思，可以_____各种各样的人。
3. 昨天我看见你的男朋友_____一大束漂亮的玫瑰花，是送给你的吧？
4. 马克爬到树上去抓蝴蝶，一不小心就_____树下的水池里了。
5. 孩子小的时候喜欢_____父母讲故事，长大了却不太爱听父母说话了。
6. 这个小女孩儿用纸做了一只小船放在水里_____了。
7. 警察_____那个偷自行车的小偷了吗？
8. 这个孩子真可怜，才三岁，妈妈就_____了她。

相信　信任

1. 你_____小李昨天说的话吗？
2. 如果你遇到什么困难，你可以去找王方，他是个值得_____的人。

忽然　突然

1. 昨天半夜，我正准备睡觉，_____听到外面有人敲门。
2. 这件事情发生得太_____了，大家都不知道应该怎么办。

回答　答案

1. 我真的不知道这个问题的_____。
2. 我得好好想想怎么_____你的问题。

五、用"差点儿"或"差点儿没（/不）"改写下列句子

1. 玛丽没有赶上火车。
2. 这个孩子没哭。
3. 老板同意我休假一个月。

4. 妈妈让我来中国学习汉语。
5. 刚拖过的地板很滑,但我没有摔倒。

六、模仿例句用"除了……以外……"改写下列句子

例:儿童节小朋友放假,别的人都不放假。
　　→儿童节除了小朋友以外,别的人都不放假。

1. 来中国以后,玛丽吃过很多中国食物,如粽子、包子、饺子和馅儿饼。
   _____

2. 小王不吃辣的,别的菜他都能吃。
   _____

3. 杰克没有看过这部电影,别的同学都看过了。
   _____

4. 我们点了两个冷菜、三个热菜和一个汤。
   _____

5. 我去过北京、上海、天津、重庆等地方旅游。
   _____

七、讨论

1. 如果你是那位新郎,你会怎么做?
2. 为什么那个男孩儿的话打动了人贩子?
3. 你想当记者吗?为什么?

副课文

焦虑比死神厉害

一天早晨,死神向一座城市走去,一个人问道:"你要去做什么?"

"我要去带走 100 个人!"死神回答。

"太可怕了!"那个人说。

"事实就是这样,"死神说,"我必须这么做。"

这个人立刻跑去提醒所有的人:死神即将来临。

到了晚上,他又碰到了死神。"你告诉我你要带走 100 个人,"这个人说,"为什么有 1000 个人死了?"

"我照我说的做了,"死神回答,"我带走了 100 个人,焦虑带走了其他那些人。"

(选自《读者》2005 年 1 月,有改动)

生词

1. 焦虑	jiāolǜ	[形]	worried
2. 神	shén	[名]	god
3. 厉害	lìhai	[形]	fierce
4. 即将	jíjiāng	[副]	at once
5. 来临	láilín	[动]	to come
6. 其他	qítā	[代]	others

回答问题

1. 你觉得焦虑比死神厉害吗?
2. 说说你碰到过的让你焦虑的事情。
3. 你有什么好办法去对付生活中的麻烦事?

第六课　看不见的爱

一

夏天的一个傍晚，我出去散步，在一片空地上，看见一个十岁左右的小男孩儿和一位妇女。那孩子正用弹弓打一个离他有七八米远的玻璃瓶。

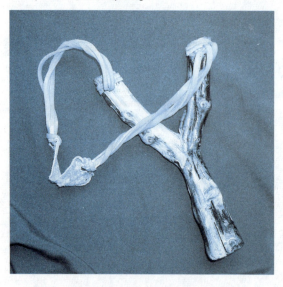

那孩子有时能打偏一米，而且一会儿高一会儿低。我就站在他身后不远的地方，看他打那瓶子，因为我还没有见过打弹弓打得这么差的孩子。那妇女坐在草地上，从一堆石子中捡起一颗，微笑着轻轻地递到孩子手中。那孩子把石子打出去，然后再接过一颗。我猜她是那孩子的母亲。

那孩子很认真，瞄很久，才打出一弹，但我可以看出他肯定打不中，可是他还在不停地打。

我走上前去，对那位母亲说："让我教他怎样打好吗？"

男孩儿停住了，但还是看着瓶子的方向。

他母亲对我笑了笑："谢谢，不用！"她停了一下，望着那孩子，轻轻地说："他看不见。"

我呆住了。

好半天，我才说："哦……对不起！但为什么？"

"别的孩子都这么玩儿。"

"哦……"我说，"可是他……怎么能打中呢？"

"我告诉他，总会打中的。"母亲平静地说，"关键是他做了没有。"

我沉默了。

过了很久，那男孩儿的速度逐渐慢了下来，他已经很累了。

他母亲没有说什么，还是静静地捡着石子，微笑着，只是递的节奏也慢了下来。

我慢慢发现，这孩子打得很有规律，他打一弹，向一边移一点儿，打一弹，再转一点儿，然后再慢慢移回来。

他只知道大概的方向啊！

风轻轻吹来，天空里已经出现了几颗明亮的星星。对于那孩子来说，黑夜和白天并没有什么区别。

又过了很久，我已看不清那瓶子的轮廓了。

"看来今天他打不中了。"我想。犹豫了一下，我对他们说声"再见"，就转身走了。

走出不远，身后传来一声清脆的瓶子的破裂声。

（选自《课外美文》，江苏教育出版社2001年1月，有改动）

二

儿子：妈妈，我小的时候您从来没有在我面前说过一句赞扬我的话，从来没有！

妈妈：你做得好，别人自然会记在心里，不用说在嘴上；但做得不好，就一定得说出来，这样才会有进步。

儿子：我现在已经过了那个需要别人赞扬的年龄了，但是，我还是很想得到您的一句赞扬，就一句，好吗？因为今天是我的生日！

妈妈：其实，在妈妈的心里，你一直都是妈妈的骄傲！

生词

1.	散步	sàn bù		to take a walk
2.	空	kòng	[形]	empty
3.	左右	zuǒyòu	[副]	or so
4.	弹弓	dàngōng	[名]	catapult
5.	玻璃	bōli	[名]	glass
6.	偏	piān	[形]	slanting
7.	堆	duī	[量]	a measure word
8.	捡	jiǎn	[动]	to pick up
9.	递	dì	[动]	to pass
10.	猜	cāi	[动]	to guess
11.	认真	rènzhēng	[形]	careful
12.	瞄	miáo	[动]	to aim at
13.	呆	dāi	[动]	to stiffen
14.	关键	guānjiàn	[名]	key point
15.	速度	shùdù	[名]	speed
16.	逐渐	zhújiàn	[副]	gradual
17.	累	lèi	[形]	tired
18.	节奏	jiézòu	[名]	tempo

19. 移	yí	[动]	to move
20. 方向	fāngxiàng	[名]	direction
21. 吹	chuī	[动]	to blow
22. 明亮	míngliàng	[形]	bright
23. 区别	qūbié	[名]	difference
24. 轮廓	lúnkuò	[名]	outline
25. 传	chuán	[动]	to send
26. 清脆	qīngcuì	[形]	clear
27. 破裂	pòliè	[动]	to break
28. 赞扬	zànyáng	[动]	to praise

语言点

一、动量补语

由动量词构成的数量短语可以放在动词后边作动量补语，表示动作的次数。例如：

（1）请再写一遍。

（2）我去过两次北京。

（3）我只是打了他一下，他就哭了。

动量词"一下"除了有时表示具体的"一次"外，还常用来表示动作经历的时间短或表示轻松随便。例如：

（1）请你给我们介绍一下你的学校。

（2）请你等我一下。

二、反问句

反问句是一种不需要回答的问句，用来表示强调。反问句有两种形式：肯定形式（强调否定），否定形式（强调肯定）。例如：

(1) 这怎么行呢？（这不行）

(2) 他怎么不知道呢？（他知道）

练习

一、读读写写

散步　　左右　　弹弓　　玻璃　　认真　　关键　　速度　　逐渐

节奏　　大致　　明亮　　区别　　轮廓　　犹豫　　清脆　　破裂

二、读拼音写汉字

shàngwǔ　　　　niúmǎ　　　　　wèilái　　　　　mòrì

wèile　　　　　bànfǎ　　　　　xiǎodāo　　　　lìqi

shīfàn　　　　　xīfàn　　　　　lǎoshī　　　　　xībian

chuán shang　　chuáng shang　　shēngchī　　　shēngcí

三、为下列汉字加偏旁，然后再组词

弓 { ( ) _____ ( ) _____ }　　皮 { ( ) _____ ( ) _____ }　　弟 { ( ) _____ ( ) _____ }

苗 { ( ) _____ ( ) _____ }　　建 { ( ) _____ ( ) _____ }　　仑 { ( ) _____ ( ) _____ }

列 { ( ) _____ ( ) _____ }　　尤 { ( ) _____ ( ) _____ }

四、选词填空

打　捡　递　猜　瞄　望　移　吹

1. 哎呀，我的眼睛里进了一粒沙子，快帮我＿＿＿＿掉吧。
2. 小王不喜欢射击，因为他是近视眼，＿＿＿＿不准靶子。
3. 你＿＿＿＿一＿＿＿＿，刚才谁给你送礼物来了？
4. 谁的手机掉了？我们＿＿＿＿起来交给管理员吧。
5. 这个周末我要到乡下去看＿＿＿＿我的爷爷和奶奶，我们很长时间没见面了。
6. 这个沙发真重，我一点儿也＿＿＿＿不动，快来帮个忙吧。
7. 请帮我＿＿＿＿一下书给李明，谢谢。
8. 有的男人真是不像话！怎么能＿＿＿＿自己的妻子呢？

大概　左右

1. 他＿＿＿＿还不知道这件事情。
2. 我家离学校不远，只有两公里＿＿＿＿。
3. 我晚上八点钟＿＿＿＿打电话给你，好吗？
4. 我妈妈现在不在家，她＿＿＿＿中午12点钟回来。

平静　安静

1. 周末学校里很＿＿＿＿。
2. 这个孩子很听话，他妈妈不在家的时候他会＿＿＿＿地画画儿。
3. 现在没有风，湖面上很＿＿＿＿。
4. 她的丈夫去世多年了，现在她谈到他时已经＿＿＿＿多了。

五、选择合适的词语填空

1. 请您再重复一＿＿＿＿，好吗？刚才我没听清楚。（趟/遍）
2. 北京的故宫我已经去过两＿＿＿＿了，可我还想再去。（回/下儿）
3. 我和小王只是见过一＿＿＿＿面，但他给我留下的印象很深。（趟/次）
4. 哎呀，我忘带课本了。我得回家一＿＿＿＿。（趟/遍）

5. 请等我一_____，我马上就做完作业了。（回/下儿）

6. 刚才我又摸了一_____口袋，还是没有找到电影票。（遍/趟）

六、把下列句子改写成反问句

1. 你借了人家的东西，应该还给人家。
   _____

2. 他常常撒谎，你不能相信他。
   _____

3. 今天你没生病，你应该去上课。
   _____

4. 你有麻烦不告诉我，我不会知道。
   _____

5. 今天是你妈妈的生日，你应该向她表示祝贺。
   _____

6. 现在是绿灯，我们可以过马路。
   _____

7. 老师已经说过三次了，你应该知道。
   _____

8. 今天不是星期六，我不能休息。
   _____

七、讨论

1. "我"为什么想教那个小男孩儿打瓶子？他的母亲为什么不同意？
2. 那个男孩儿是怎么打瓶子的？
3. 你觉得为什么那位母亲总是微笑着？
4. 小男孩儿最后打中瓶子了吗？你有什么想法？

副课文

军 训

学校为了提高学生的素质和能力，决定在大学生中间开展军训，按照军人在军队里的要求来训练学生。学生们每天都要出操、站军姿，非常辛苦。

一天早上，普通话说得不标准的指导员给学生们分配任务时说："今天一班杀鸡，二班偷蛋，我来给你们做稀饭。"

学生们听完以后都很迷惑，互相看了看，谁也搞不清楚为什么今天的训练内容和以前完全不一样。

直到指导员做出示范时大家才明白，原来他说的是："今天一班射击，二班投弹，我来给你们做示范。"但是，因为他发音不准，把"射击"说成了"杀鸡"，把"投弹"说成了"偷蛋"，把"示范"说成了"稀饭"，结果闹出了笑话。

（选自《讲笑话 学语文》，有改动）

生词

1. 军训	jūnxùn	[名]	military training
2. 素质	sùzhì	[名]	diathesis
3. 开展	kāizhǎn	[动]	to develop
4. 按照	ànzhào	[介]	according to

5. 出操	chū cāo		to drill
6. 姿	zī	[名]	posture
7. 标准	biāozhǔn	[形]	standard
8. 分配	fēnpèi	[动]	to allot
9. 任务	rènwù	[名]	task
10. 射击	shèjī	[动]	to shoot
11. 投弹	tóu dàn		to throw bomb
12. 示范	shìfàn	[名]	demonstration

回答问题

1. 你在学习汉语的过程中,哪些词的发音掌握得不好?
2. 你在学习汉语的过程中,有没有因为发音不准而闹出过笑话?
3. 谈谈你们国家学生或者年轻人参加军训的情况。

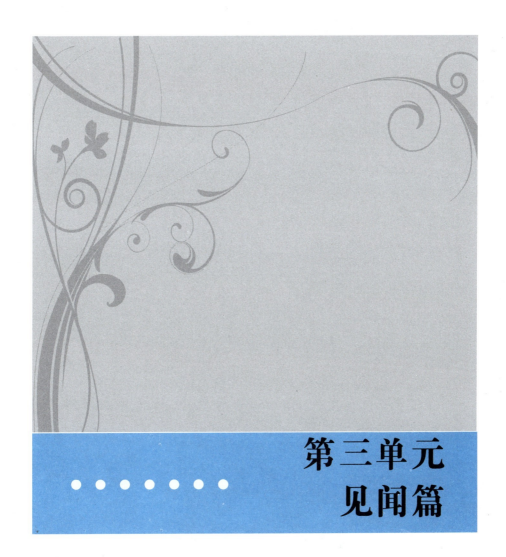

第三单元
见闻篇

第七课　英国见闻

今年暑假，我跟学校的老师和同学在美丽的英国度过了难忘的两周。虽然时间很短暂，但仍然有几件事给我留下了很深的印象。

一、多雨的国家

去英国之前，我就已经知道伦敦是个有名的雾都，但我没有想到，它还是一个多雨的城市。

我们在英国住了十四天，不下雨的日子好像只有两三天。记忆中，每天都有一段时间下着毛毛雨。虽然时间不长，雨也不大，不过我们

还是觉得很麻烦，因为每次出门都必须带雨伞。在这里，太阳雨是很常见的，刚才还是蓝天白云，一会儿就下雨了。由于要常常使用伞，而我的记性又不好，经常忘了雨伞放在什么地方，只好又

去买新伞。可是，要想买到一把自己非常满意的雨伞也不是一件容易的事。我想，在英国做雨伞生意的人一定可以发财。

二、精致的包装

在英国，我们有几次单独购物的机会。给我印象最深的是英国商品的包装，那么精致，那么漂亮，即使不买，看看也是一种享受。玩具的包装，让人一看就想玩儿；食品的包装，让人看了就想吃，可是又舍不得把包装纸、包装盒撕开。在商店里，我们也看到了中国制造的商品，包装同样非常精美。我很奇怪，同样是中国人制造的东西，在中国为什么包装得那么粗糙、单调？是中国人不懂得美吗？

这次出国，我们大家都买了小礼物送给亲朋好友。这些礼物虽然很便宜，有些也是中国制造的，但是它们的包装很好看，你简直分不清是中国制造还是外国制造。

其实，精美的包装不仅体现在商品上，比如说，游乐场上永远崭新的设施，英国城市很少有同样的建筑物，还有街上的广告……无论你走到哪里，周围都是好看的。真希望我们的生活环境也能那样美好。

（选自《口头作文》，浙江少年儿童出版社2005年3月，有改动）

生词

1. 见闻　　jiànwén　　［名］　　information

第七课 英国见闻

2.	暑假	shǔjià	[名]	summer holiday
3.	度	dù	[动]	to spend
4.	印象	yìnxiàng	[名]	impression
5.	雾	wù	[名]	fog
6.	好像	hǎoxiàng	[动]	to seem
7.	记忆	jìyì	[名]	memory
8.	毛毛雨	máomaoyǔ	[名]	drizzle
9.	因为	yīnwèi	[连]	because
10.	发财	fā cái		to be rich
11.	精致	jīngzhì	[形]	delicate
12.	包装	bāozhuāng	[名]	packing
13.	单独	dāndú	[形]	alone
14.	即使	jíshǐ	[连]	even if
15.	享受	xiǎngshòu	[名、动]	enjoyment, to enjoy
16.	玩具	wánjù	[名]	toy
17.	食品	shípǐn	[名]	food
18.	舍不得	shěbude	[动]	to give up
19.	撕	sī	[动]	to tear
20.	制造	zhìzào	[动]	to make
21.	奇怪	qíguài	[形]	strange
22.	粗糙	cūcāo	[形]	coarse
23.	单调	dāndiào	[形]	monotone
24.	简直	jiǎnzhí	[副]	hardly
25.	其实	qíshí	[副]	actually
26.	体现	tǐxiàn	[动]	to incarnate
27.	永远	yǒngyuǎn	[副]	forever
28.	崭新	zhǎnxīn	[形]	new
29.	设施	shèshī	[名]	establishment
30.	建筑	jiànzhù	[名]	building

语言点

一、即使……也……

"即使……也……"的前一分句表示一种假设或极端的情况,后一分句表示结果不受前一句所说情况的影响。口语中可以用"就是……也……"。例如:

(1) 即使你说错了,老师也不会生气。
(2) 即使你天天陪她逛街买东西,她也不会满足的。

二、无论……都(/也)……

"无论……都(/也)……"表示在任何条件下结果都不变。用法和"不管"一样,只是"不管"多用于口语,"无论"多用于书面语。例如:

(1) 无论你同意还是不同意,我都要去中国学汉语。
(2) 无论多么忙,她也从来不迟到。

练习

一、读读写写

见闻　　暑假　　度过　　印象　　记忆　　麻烦　　满意　　精致
包装　　单独　　机会　　商品　　即使　　享受　　玩具　　单调

二、为下列汉字加偏旁,然后再组词

者 { (　)＿＿＿＿　(　)＿＿＿＿ }　　乃 { (　)＿＿＿＿　(　)＿＿＿＿ }　　主 { (　)＿＿＿＿　(　)＿＿＿＿ }

第七课
英国见闻

生 { ( ) _____ 及 { ( ) _____ 不 { ( ) _____
  { ( ) _____   { ( ) _____   { ( ) _____

巾 { ( ) _____ 女 { ( ) _____
  { ( ) _____   { ( ) _____

三、写出下列词语的反义词

容易_____   精致_____   糊涂_____

便宜_____   好看_____   聪明_____

崭新_____   简单_____   宽敞_____

四、填写合适的词语

有名的_____   多雨的_____   麻烦的_____

满意的_____   精美的_____   粗糙的_____

单调的_____   崭新的_____   同样的_____

五、选词填空

| 度过　印象　购物　精致　粗糙　单调　设施　环境 |

1. 这所大学的教学_____还是非常齐全的，看来你的决定是对的。

2. 我的家乡是一个很小的城市，但是那里的_____非常优美。

3. 你是个_____狂吗？天天都看见你买新衣服。

4. 留学生的生活应该是丰富多彩的，不该是_____无聊的。

5. 昨天我朋友送了我一块_____的手表，我非常喜欢。

6. 去年夏天我在海边_____了一个愉快的假期。

7. 这件衣服的料子很_____，穿在身上一点儿也不舒服。

8. 他告诉你他认识我吗？可我一点儿_____也没有啊！是不是他记错了？

六、用"无论"改写句子

1. 你在哪里我都会想念你。

_____

2. 人人都得遵守国家的法律。

   _____

3. 找到一份工作，我会很满意。

   _____

4. 在任何时候，你都可以打电话给我。

   _____

七、先用线连接左右两边的词语，然后用"即使……也……"说一句完整的话

汉语很难　　　　　减肥
天气很冷　　　　　回家
反复说　　　　　　很热
天天不吃饭　　　　锻炼
故乡很远　　　　　学习
空调开着　　　　　不听

八、讨论

1. 在英国，为什么出门常常要带伞？
2. 英国各种商品的包装都有什么特点？
3. 谈谈你家乡的天气情况。
4. 你最喜欢购买哪个国家的商品？为什么？

副课文

买一送一

下了班，我和同事小林一起回家，见路边的麻辣烧烤摊居然打出了"买一送一"的招牌。现在商场、超市到处都是这样的广告，搞得挺红火的，烧

烤摊怎么也来凑热闹,它能送什么玩意儿啊?我有点儿弄不明白。

小林说:"管他送什么呢,一串才一块钱,不管送什么都值得!"说完,她噔噔地跑过去,豪爽地掏出10元钱,兴奋地对我说:"我吃它个10串,晚饭都省了,还有赠品拿,挺划算的!"

我也有些心动了。

不过,我还是想先问问老板,这赠品到底是什么。不问不知道,一问真叫人大开眼界。老板从一个小包裹里取出一小把牙签,乐呵呵地说:"买一串烧烤赠一根牙签,您吃完后马上可以剔牙!"

生词

1. 麻	má	[形]	numb
2. 辣	là	[形]	spicy
3. 烧	shāo	[动]	to burn
4. 烤	kǎo	[动]	to toast
5. 居然	jūrán	[副]	actually
6. 招牌	zhāopái	[名]	signboard
7. 红火	hónghuǒ	[形]	prosperous
8. 凑	còu	[动]	to join
9. 玩意儿	wányìr	[名]	gadget
10. 值得	zhídé	[动]	to be worth of
11. 噔	dēng	[象]	clump
12. 豪爽	háoshuǎng	[形]	forthright
13. 赠品	zèngpǐn	[名]	present
14. 划算	huásuàn	[形]	cost-efficient
15. 包裹	bāoguǒ	[名]	parcel
16. 牙签	yáqiān	[名]	toothpick
17. 剔	tī	[动]	to pick out

回答问题

1. 你有过类似"买一送一"的经历吗?
2. 谈谈你们国家商品打折或者买商品赠礼品的情况。
3. 你买东西的时候上过当吗?

第八课　日本感受

放寒假了,我去了日本。爸爸妈妈让我到日本的小学校当插班生,体验了两周的留学生活。

一、在玩儿中学习

我觉得在日本上学特别快乐。上课经常是一边学习一边玩儿,有时真的分不清是上课还是下课,非常有趣。

老师教我们日本的传统游戏,有打弹球、丢沙包等等。我们还在课堂

上自己动手制作玩具,每个人还为自己的玩具写广告,向大家介绍自己的玩具。我觉得这样学习既能动脑筋,又能锻炼手工能力,学习起来也不觉得累,还很快乐。老师还亲手做了一个漂亮的沙包,放在一个精致的盒子里送给我,我真的很感动。

二、不一样的梦想

　　记得那时我和妈妈一起设计了一张调查表,发给了全班同学。表里的内容有你喜欢上什么课,你的爱好,你想去哪个国家旅游,你最喜欢的料理,还有你的梦想等等。等把调查表收回来以后,我发现日本同学的梦想和中国同学的不一样。

　　我在北京学习的时候,同学们的梦想都是当科学家、钢琴家、作家等等,都想当名人,做了不起的"家"。而日本同学的梦想却不是这样的。许多男孩子都想当体育明星,足球、棒球的冠军,还有许多同学想当警察、教师、妈妈、售货员、驾驶员,有的还想将来开花店、玩具店、蛋糕店,他们的梦想大多都是做个普通职业者。

　　我想,中国小朋友的梦想也许很多都是爸爸妈妈和老师教育出来的吧,而日本小朋友的梦想都是自己最感兴趣、最想干的事情。

(选自《口头作文》,浙江少年儿童出版社2005年3月,有改动)

生词

1.	插	chā	[动]	to insert
2.	体验	tǐyàn	[动]	to go through
3.	传统	chuántǒng	[名]	tradition
4.	丢	diū	[动]	to throw

5. 脑筋	nǎojīn	[名]	brain
6. 锻炼	duànliàn	[动]	to practise
7. 能力	nénglì	[名]	ability
8. 感动	gǎndòng	[动]	to be moved
9. 梦想	mèngxiǎng	[名]	dream
10. 调查表	diàochábiǎo	[名]	questionnaire
11. 科学家	kēxuéjiā	[名]	scientist
12. 钢琴	gāngqín	[名]	piano
13. 作家	zuòjiā	[名]	writer
14. 体育	tǐyù	[名]	physical education
15. 足球	zúqiú	[名]	soccer
16. 棒球	bàngqiú	[名]	baseball
17. 冠军	guànjūn	[名]	champion
18. 售货员	shòuhuòyuán	[名]	salesman
19. 驾驶员	jiàshǐyuán	[名]	driver
20. 职业	zhíyè	[名]	occupation
21. 教育	jiàoyù	[动、名]	to educate, education

语言点

比较的方法（一）

1. A 跟（/和/同）B 一样（差不多）+ 形（/动）

   A 跟（/和/同）B 不一样 + 形（/动）。例如：

   （1）他跟我一样瘦。

   （2）我跟我的好朋友不一样高。

   （3）我和妈妈一样喜欢看中国电影。

2. A + 比 + B + 形（/动）= B + 没有 + A + 形（/动）。例如：
   (1) 今天比昨天热。
   　　昨天没有今天热。

   (2) 玛丽比杰夫喜欢吃中国菜。
   　　杰夫没有玛丽喜欢吃中国菜。

3. A + 不如 + B + 形（/动）。例如：
   (1) 昨天不如今天热。
   (2) 杰夫不如玛丽喜欢吃中国菜。

4. A + 不比 + B + 形（/动）。例如：
   (1) 今天不比昨天热。
   　　（比较：① 昨天和今天一样热。② 昨天热一点儿。）
   (2) 杰夫不比玛丽喜欢看这部电影。
   　　（比较：① 杰夫和玛丽一样喜欢看这部电影。② 玛丽更喜欢看这部电影。）

练习

一、读读写写

能力　感动　调查　体育　冠军　作家　驾驶员
职业　教育　科学　钢琴　棒球　科学家　售货员

二、读拼音写汉字

体 yàn（　　）生活　　传 tǒng（　　）游戏　　日本见 wén（　　）
开动脑 jīn（　　）　　duàn（　　）炼身体　　教 yù（　　）孩子

三、为下列汉字加偏旁，然后再组词

专 { ( ) _____ ( ) _____ } 元 { ( ) _____ ( ) _____ } 糸 { ( ) _____ ( ) _____ }

皿 { ( ) _____ ( ) _____ } 心 { ( ) _____ ( ) _____ } 木 { ( ) _____ ( ) _____ }

马 { ( ) _____ ( ) _____ } 占 { ( ) _____ ( ) _____ }

四、请写出下列词语的反义词

真 _____　　特别 _____　　传统 _____　　快乐 _____

梦想 _____　　多 _____　　漂亮 _____　　精致 _____

喜欢 _____　　有趣 _____

五、在下列动词后填写合适的名词

当（　　）　教（　　）　丢（　　）　体验（　　）

写（　　）　动（　　）　送（　　）　锻炼（　　）

开（　　）　设计（　　）　教育（　　）　制作（　　）

六、用合适的词语填空

星期天我_____麦克一起骑自行车去书店买书。书店_____我们学校比较远。那天又_____着大风，我们骑_____一个小时_____骑到。书店很大，里边有很多书。星期天买书_____人很多。我买_____一些历史书，麦克买_____几本中文书。从书店走出来，已经十二点多了。

七、选择合适的介词填空

> 往　对　从　跟　为　在　当　离

1. 他（　　）中国的经济改革很感兴趣。

2.（　　）学习更多的知识，他每天都去图书馆看书。

3. 他（　　）我商量过这件事。

4. 我已经（　　）上海生活一年了。

5. 他喜欢看电视，常常（　　）晚饭后一直看到半夜十二点。

6.（　　）妈妈回家的时候，我已经睡觉了。

7. 我们学校（　　）机场很远。

8. 你到了前面的十字路口，（　　）右拐，就是百货大楼。

八、模仿例句改写下列句子

例1：我们的教室很干净。/他们的教室很干净。

　　　——→我们的教室跟他们的（教室）一样干净。

1. 这朵花很漂亮。/那朵花很漂亮。

   _____

2. 昨天很热。/今天很热。

   _____

3. 玛丽喜欢唱中文歌。/山田喜欢唱中文歌。

   _____

4. 他十八岁。/我十八岁。

   _____

例2：这个地方很热闹。/那个地方不太热闹。

　　　——→这个地方比那个地方热闹。

　　　——→那个地方没有这个地方热闹。

1. 她现在很胖。/她以前不太胖。

   _____

2. 安娜喜欢写汉字。/杰夫不太喜欢写汉字。

   _____

3. 李老师的儿子三岁。/王老师的儿子五岁。

4. 这件衣服很长。/那件衣服很短。

九、讨论

1. "我"在日本当插班生时都学到了什么？
2. 日本同学和北京同学的梦想有什么不同？
3. 上小学时教过你的老师你还记得吗？你最喜欢谁？
4. 上中学时你最喜欢哪一门课程？
5. 你儿时的梦想是什么？

副课文

你总有爱我的一天

[英] 罗伯特·勃朗宁

你总有爱我的一天！
我等待着你的爱慢慢地长大。
你的手里提的那把花，
不也是四月下的种子，六月开的吗？
我如今种下满心窝的种子，
至少总有一两粒生根发芽。
开的花是你不要采的——
不是爱，也许是一点喜欢吧。

我坟前开的一朵紫罗兰——

爱的遗迹——你总会瞧它一眼：

你那一眼吗？抵得我千般苦恼了。

死算什么？你总有爱我的一天。

（转引自《读者》2005年第1期）

生词

1.	窝	wō	[名]	nest
2.	粒	lì	[量]	a measure word
3.	根	gēn	[名]	root
4.	芽	yá	[名]	sprout
5.	坟	fén	[名]	grave
6.	紫罗兰	zǐluólán	[名]	violet
7.	遗迹	yíjì	[名]	vestige
8.	抵	dǐ	[动]	to be equal to
9.	千般	qiānbān	[形]	many
10.	苦恼	kǔnǎo	[形]	pained, affliction

回答问题

1. 请朗读一首你最喜欢的诗，并说说它的意思。
2. 你曾收到过情书吗？你写过情书吗？

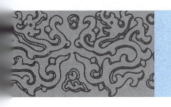

第九课　上海的出租车

一

哇！上海的出租车可真多！这是我刚到上海走出机场时的第一印象。

来到上海后，与姐姐第一次外出逛街的情景真叫人难忘：我站在路口，只见马路上跑着的汽车，大部分都是出租车，有蓝色的、黄色的、红色的。它们组成了上海马路的一道亮丽的风景线。

我们一招手，一辆蓝色的轿车便稳稳地停在路旁。那天我们打算去人民广场，一路上，我们试着用简单的汉语与司机聊天，司机对乘客非常礼貌。原来，上海有不少出租车公司，

不同公司的车辆是不同的颜色。我们乘坐的浅蓝色出租车，是上海大众出租车公司的，这是一家在上海很有名气的出租车公司。司机告诉我们，上海所有出租车公司的收费标准都一样。为了通过竞争提高服务水平，于是使用了各自不同的颜色，乘客只要一

看车子的颜色，马上就知道这辆汽车属于哪家出租车公司。人们外出坐车，都会选择自己喜欢的公司的车子。

后来司机知道我们刚来上海，一路上还热情地为我们介绍在人民广场附近的上海博物馆、上海大剧院等有名的旅游景点，这些景点一个比一个有意思。在上海第一次坐出租车的经历，使我对大众出租车留下了美好的印象。

尽管上海马路上出租车很多，可是遇到下雨或上下班高峰期，叫出租车就很难了，大众出租车就更难叫了，因此，我也坐过别的出租车公司的车子，有强生公司的，有锦江公司的等等。这些出租车公司的服务也很好，车辆也都很干净。司机对于乘客的要求总是尽量满足，我们想听音乐，司机就打开收音机；我们感到热，司机就立刻把空调开得足足的，有秋天那么凉呢！

上海人常说，出租车代表了上海的形象。我觉得一点儿没错。

(选自《华东师范大学校报》2005年9月20日第1278期第4版，有改动)

二

杰克：怎么啦？一脸的不高兴。

玛丽：今天我坐出租车时，那个司机绕道行驶了。我要投诉他！

杰克：你记住车牌号了吗？

玛丽：哎呀，没有。

杰克：那你记得是哪家出租车公司的车吗？

玛丽：哦，没有！

杰克：那你要发票了吗？

玛丽：也没有！

杰克：你一问三不知的，怎么投诉呀？

玛丽：那我下次就有经验了。

生词

1. 出租车　　chūzūchē　　［名］　taxi
2. 亮丽　　　lànglì　　　［形］　beautiful
3. 风景　　　fēngjǐng　　［名］　landscape
4. 招手　　　zhāo shǒu　　　　to beckon
5. 稳　　　　wěn　　　　［形］　steady
6. 公司　　　gōngsī　　　［名］　company
7. 颜色　　　yánsè　　　［名］　colour
8. 收费　　　shōu fèi　　　　　charge
9. 标准　　　biāozhǔn　　［名］　criterion
10. 通过　　　tōngguò　　　［介］　via
11. 竞争　　　jìngzhēng　　［动］　to compete
12. 提高　　　tígāo　　　　［动］　to improve
13. 服务　　　fúwù　　　　［名］　service
14. 水平　　　shuǐpíng　　［名］　level
15. 属于　　　shǔyú　　　　［动］　belong to
16. 热情　　　rèqíng　　　［形］　passionate
17. 介绍　　　jièshào　　　［动］　to introduce
18. 景点　　　jǐngdiǎn　　［名］　scenery spot
19. 尽管　　　jǐnguǎn　　　［连］　though
20. 遇到　　　yùdào　　　　［动］　to meet
21. 高峰期　　gāofēngqī　　［名］　rush hour
22. 要求　　　yāoqiú　　　［名］　demand

23. 尽量	jǐnliàng	[副]	possibly
24. 满足	mǎnzú	[动]	to satisfy
25. 代表	dàibiǎo	[动]	to stand for
26. 形象	xíngxiàng	[名]	image
27. 绕道	rào dào		to detour
28. 行驶	xíngshǐ	[动]	to drive
29. 投诉	tóusù	[动]	to complain
30. 牌	pái	[名]	brand
31. 经验	jīngyàn	[名]	experience

语言点

一、只要……就……

关联词语"只要……就……"表示在某种条件下产生某种结果。例如：

（1）上课时，只要听到老师叫她的名字，她就非常紧张。

（2）只要你愿意，我就可以介绍你认识他。

二、比较的方法（二）

1. A + 有 + B +（这么/那么）+ 形（/动）。这个句型表示 A 达到了 B 的程度。例如：

（1）我们的教室有两个足球场那么大。

（2）我的孩子有1.2米这么高。

否定式：A + 没有 + B +（这么/那么）+ 形（/动）。例如：

（1）我们的教室没有两个足球场那么大。

（2）我的孩子没有1.2米这么高。

2. 一+量词+比+一+量词+形（/动）。这个句型表示程度差别的递进。例如：

(1) 我们班的女生一个比一个漂亮。

(2) 窗外的树一棵比一棵高。

3. 越来越+形（/动）。这个句型表示程度随时间的变化而发生变化。例如：

(1) 春天到了，天气越来越暖和了。

(2) 到中国以后，他的汉语说得越来越好了。

4. 越A越B。这个句型表示程度上B随A的增加而增加。例如：

(1) 我觉得汉语越学越难。

(2) 雨下大了，他越走越快。

练习

一、读读写写

亮丽　风景　招手　颜色　属于　收费　标准　通过
竞争　提高　服务　水平　热情　介绍　尽管　遇到

二、读拼音写汉字

gānjìng _____　ānjìng _____　yìnxiàng _____　yīnxiǎng _____

yánsè _____　yuánshǐ _____　xīnxiǎng _____　xíngxiàng _____

jǐnguǎn _____　jǐngdiǎn _____　gōngsī _____　tóngshì _____

三、为下列汉字加偏旁，然后再组词

每 { ( ) _____ ( ) _____ }   且 { ( ) _____ ( ) _____ }   冈 { ( ) _____ ( ) _____ }

各 { ( ) _____ ( ) _____ }   急 { ( ) _____ ( ) _____ }   两 { ( ) _____ ( ) _____ }

是 { ( ) _____ ( ) _____ }   示 { ( ) _____ ( ) _____ }

四、在下列动词后填写适当的词语

走出（　　）　组成（　　）　乘坐（　　）　提高（　　）

选择（　　）　介绍（　　）　代表（　　）　遇到（　　）

五、填写适当的词语

难忘的_____　　亮丽的_____　　有名的_____

标准的_____　　优质的_____　　热情的_____

简单的_____　　愉快的_____　　严格的_____

六、在下列名词前填写适当的形容词重叠形式

（　　）的苹果　（　　）的脸　（　　）的草　（　　）的嘴

（　　）的车　　（　　）的饭　（　　）的汤　（　　）的天

七、选词填空

> 为　　为了

1. _____给玛丽开生日晚会，我们把教室装饰得漂漂亮亮的。

2. 昨天晚上，妈妈_____我和弟弟做了一桌丰盛的晚餐。

3. 大厅的墙上写着"_____人民服务"几个大字。

4. _____明天能赶上飞机，我今晚得早早睡觉。

竞争　竞赛

1. 你得不断地学习，因为现在的社会是一个充满_____的社会。
2. 李明的_____对手太强了，所以他这次失败了。
3. 在上次的作文_____中，张丽获得了一等奖。
4. 山地自行车_____下个月正式开始，你准备得怎么样了？

八、模仿例句改写或完成句子

例1：你妹妹有多高？（1.65米）
　　　──→我妹妹有1.65米那么高。

1. 那棵树有多高？（三层楼房）
　　_____

2. 你家的花园有多大？（一个足球场）
　　_____

例2：两旁的树一棵比一棵高。
　　　人们的生活水平一天比一天高。

1. 她唱的歌一_____比一_____。
2. 他爸爸画的画儿一_____比一_____。

九、用所给词语完成句子

1. 冬天来了，_____。（越……越……）
2. 雨_____，看来今天我们不能去散步了。（越……越……）
3. 来上海半年多了，他_____。（越来越……）
4. 现在农村变小了，城市变大了，但是我们的环境却_____。
　　　　　　　　　　　　　　　　　　　　　　　　（越来越……）
5. 我觉得这家小饭馆儿的菜味道不错，_____。（不比）
6. 虽然玛丽来中国才一年，_____。（不比）
7. 星期天在家看电视_____。（不如）
8. 一个人_____。（不如）

十、讨论

1. 上海的出租车为什么有不同的颜色？
2. 为什么说上海的出租车代表了上海的形象？
3. 在你们国家，出租车是什么颜色的？一般出租车的收费标准是什么？
4. 你对出租车司机的要求是什么？

副课文

相　信

我相信我自己。

我相信我所在的公司。

我相信我的同事和助手。

我相信生产者、创造者、制造者、销售商以及世界上所有正在努力工作的人们。

我相信真理就是价值。

我相信愉快的心情，也相信健康。我相信成功的关键并不是赚钱，而是创造价值。

我相信阳光、空气、菠菜、苹果酱……请始终记住，英语里最伟大的单词就是"自信"。

我相信自己每销售一件产品，就交上了一个新朋友。

我相信当自己与一个人分别时，一定要做到当我们再见面时，他看到我很高兴，我见到他也很开心。

我相信工作的双手、思考的大脑和爱的心灵。

（选自《读者》2005 年 4 月）

生词

1. 真理	zhēnlǐ	[名]	truth
2. 菠菜	bōcài	[名]	spinach
3. 酱	jiàng	[名]	jam
4. 心灵	xīnlíng	[名]	soul

回答问题

1. 在这个世界上，你最相信什么？为什么？
2. 你以前工作过吗？你最想从事的是什么工作？
3. 你有过不自信的时候吗？谈一谈当时的情况。

第四单元
生活篇

第十课　财迷舅舅

一

我有个好舅舅，不吸烟，不赌博，就是只想发大财。

今天他又买了几张电脑福利彩票回家。

在吃晚饭时，舅舅一边吃饭，一边握着彩票向我们说："你们看，这些彩票的数字真的非常吉利！今天我保证中个大奖！你们等着看吧。"

刚吃完饭，舅舅就坐在电视机旁，两眼直直地望着电视机的屏幕，一坐就是一个小时，一点儿事也不干。

激动人心的时刻终于到来了，只听电视主持人宣布："第172期电脑福利彩票现在开奖……"于是，35个小球就在箱中上下跳动起来。舅舅双眼盯着屏幕，手里紧

紧地握着彩票，口中不停地说："3、8，3、8……"小球不停地跳动着，舅舅的心似乎也随着小球在上下跳动。"砰！"第一只球跳了出来。"08"，主持人报着。"哇08，08！我中了，我中了！"舅舅大喊起来。"03"，主持人又报着，"对，没错，是03，03！我要中大奖了！"舅舅欢呼着，真像个打足气的皮球。他坐着的椅子都被摇得"咔、咔"地响。

太吵了，我只得回房间去看书。不一会儿，我听不见舅舅的叫喊声了。难道是太高兴喊不出来了，还是……

呀，舅舅怎么坐在椅子上不说话了呢？难道……

"舅舅，怎么了？"

"唉，你说气人不气人，还差一位数我就能中大奖了。看，一个15，一个16。"

舅舅现在又像个被针刺破的皮球——没气了。

二

杰克：你买过彩票吗？

海伦：以前买过一两次。

杰克：中过奖吗？

海伦：只中过小奖，从来没中过大奖。你呢？

杰克：听说有人中大奖时，我是有点儿心动。不过，我知道，天上掉馅儿饼的好事我是碰不上的。

海伦：偶尔玩儿一玩儿没关系，上瘾了就不好了。

杰克：可不！

生词

1.	财迷	cáimí	[名]	moneygrubber
2.	舅舅	jiùjiu	[名]	uncle
3.	吸烟	xī yān		to smoke
4.	赌博	dǔbó	[动]	to gamble
5.	福利	fúlì	[名]	welfare
6.	彩票	cǎipiào	[名]	lottery
7.	握	wò	[动]	to grasp
8.	吉利	jílì	[形]	lucky
9.	中奖	zhòng jiǎng		to win a prize
10.	直	zhí	[形]	straight
11.	激动人心	jīdòng rénxīn		exciting
12.	主持	zhǔchí	[动]	to preside
13.	宣布	xuānbù	[动]	to announce
14.	箱	xiāng	[名]	box
15.	盯	dīng	[动]	to stare
16.	随	suí	[动]	to follow
17.	砰	pēng	[象]	phut
18.	报	bào	[动]	to report
19.	欢呼	huānhū	[动]	to cheer
20.	摇	yáo	[动]	to shake
21.	咔	kā	[象]	creak
22.	呀	yā	[叹]	oh
23.	刺	cì	[动]	to puncture
24.	掉	diào	[动]	to fall
25.	馅儿饼	xiànrbǐng	[名]	pie
26.	上瘾	shàng yǐn		to be addicted

语言点

歇后语

歇后语是一种特殊语言形式。它一般由两个部分构成，前半句是形象的比喻，像谜面，后半句是解释、说明，像谜底，十分自然贴切。在一定的语言环境中，通常说出前半句，"歇"去后半句，就可以领会和猜想出它的本意，所以称它为歇后语。例如：

千里送鹅毛——礼轻情意重
哑巴吃黄连——有苦说不出
瞎子点灯——白费蜡

练习

一、读读写写

吸烟　　赌博　　发财　　福利　　彩票　　吉利　　保证
中奖　　屏幕　　激动　　主持　　宣布　　似乎　　欢呼

二、读拼音写汉字

禁止 dǔ（　　）博　　jī（　　）动人心　　喜欢 chōu（　　）烟
cì（　　）破皮球　　紧 wò（　　）彩票　　保 zhèng（　　）中奖

三、为下列汉字加偏旁，然后再组词

米 { （　　）_____ （　　）_____ }　　子 { （　　）_____ （　　）_____ }　　及 { （　　）_____ （　　）_____ }

长 { （　　）_____ （　　）_____ }　　采 { （　　）_____ （　　）_____ }　　冬 { （　　）_____ （　　）_____ }

第十课 财迷舅舅

平 { ( ) _____   咸 { ( ) _____
   ( ) _____   ( ) _____

四、画线连词

摇着　　一把　　音乐
握着　　一段　　扇子
听着　　一张　　彩票
戴着　　一顶　　大门
关着　　一扇　　帽子

五、选词填空

| 赌博　宣布　欢呼　吸烟　福利　跳动　保证　刺破 |

1. 那个迟到的职员向老板_____以后再也不会发生这样的事了。
2. 如果你用这根针_____那个沙袋，沙子就会流出来。
3. 这家公司的_____待遇挺好，很多人都想来这儿工作。
4. _____是非常有害的，许多人因此而家破人亡。
5. 听到这个激动人心的好消息时，全体学生都_____起来。
6. 下雨时我喜欢坐在窗前看雨滴在荷叶上_____。
7. 今天早上刘强跑进办公室大声_____："我要结婚啦！"
8. 请问这趟列车上有_____区吗？坐这么长时间，不抽一两口我可受不了。

| 哈哈　砰　咚咚咚　呱呱　呜呜　咯吱咯吱　扑通　啪 |

1. 正上着课，我的书"_____"的一声掉在了地上。
2. 昨晚我的朋友讲了一个笑话，逗得我们_____大笑。
3. 风把窗户吹得_____地响。
4. 池塘里一群鸭子在_____地叫着。
5. 我听见一个小孩儿在_____地哭。
6. 突然，门"_____"的一声关上了。

7. 昨天我看见他"＿＿＿＿"一下跳进了游泳池。

8. 玛丽正在看电视,忽然听见"＿＿＿＿"的敲门声。

六、了解下列歇后语的意思并造句

丈二的和尚 —— 摸不着头脑
张飞吃豆芽 —— 小菜一碟
秀才遇到兵 —— 有理说不清
八仙过海 —— 各显神通
骑着驴子看唱本 —— 走着瞧
擀面杖吹火 —— 一窍不通
大姑娘坐花轿 —— 头一回
大水冲了龙王庙 —— 一家人不认一家人

七、讨论

1. "我"的舅舅是个什么样的人?
2. 你买过彩票吗?你中过奖吗?

副课文

奴隶和哲学家

有一个国王和一个奴隶同坐一条船。那奴隶从来没有见过海洋,也没有尝过坐船的苦。他一路哭哭啼啼,战栗不已。大家百般安慰他,他仍然继续哭闹。

国王被他扰得不能安宁,大家始终想不出办法让他安定下来。船上有一位哲学家对国王说:"您若允许我试一试,我可以使他安静下来。"国王答应了。

哲学家立刻叫人把那奴隶抛到海里去，沉浮了几次，人们才抓住他的头发把他拖到船上。他连忙双手紧紧地抱着膝盖，坐在一个角落里，不再做声。

国王很为赞许，便开口问道："你这方法奥妙何在？"

哲学家说："原先他不知道死的痛苦，便想不到稳坐船上的可贵。大凡一个人总要经历过忧患才会知道安乐的价值。"

（选自《读者》2005年第2期）

生词

1. 奴隶	núlì	[名]	slave
2. 哲学	zhéxué	[名]	philosophy
3. 啼	tí	[动]	to weep loud
4. 战栗	zhànlì	[动]	to tremble
5. 扰	rǎo	[动]	to trouble
6. 若	ruò	[连]	if
7. 允许	yǔnxǔ	[动]	to permit
8. 抛	pāo	[动]	to throw
9. 沉	chén	[动]	to sink
10. 浮	fú	[动]	to float
11. 拖	tuō	[动]	to pull
12. 膝盖	xīgài	[名]	knee
13. 赞许	zànxǔ	[动]	to agree
14. 奥妙	àomiào	[名]	mystery
15. 原先	yuánxiān	[副]	before
16. 大凡	dàfán	[副]	generally speaking
17. 忧患	yōuhuàn	[名]	sufferings

回答问题

1. 奴隶为什么一路哭哭啼啼?
2. 哲学家想了一个什么办法?
3. 这个办法为什么能让奴隶安静下来?

第十一课　种一株快乐的兰花在心里

一

唐代有一位著名的和尚，他非常喜爱兰花。

他在院子里种了很多兰花。有一次，他有事要外出一段时间，就告诉他的弟子们要好好儿照看这些兰花。弟子们知道师父的爱好，都特别认真。

但是，一天深夜，突然刮起大风，接着就下起暴雨，弟子们都忘记了兰花还在院子里。第二天早晨，弟子们着急得不得了：花架倒了，花盆也碎了！

几天后，师父回到了寺院。弟子们都低着头去见师父，心想这次要被师父惩罚了。知道情况后，师父很平静，一点儿也没有责怪弟子，说："当初，我不是为了生气而种兰花的。"

第一次读到这句话时，我心情十分激动。

在生活中，很多人担心太多的得失，因此，错过了许多的快乐和幸福。

"我不是为了生气而种兰花的。"看起来很平淡的一句话，却包含了多少人生的智慧：

我不是为了生气而工作的，我不是为了生气而交往的，我不是为了生气而生儿育女的，我不是为了生气而生活的……

人生活在这个世界上，不如意的事经常都会碰到。事情已经这样了，生气有什么用呢？就让我们种一株快乐的兰花在自己的心里，拥有了兰花的气质，我们一定会生活得很幸福。

二

玛丽：听说下星期三是小王的生日，他是我们的汉语辅导老师，你说我们送什么礼物给他好呢？

麦克：就送一根鹅毛吧。我们不是学过"千里送鹅毛——礼轻情意重"吗？

玛丽：那是一种比喻，你怎么能按照字面意思来理解呢？

麦克：那你有什么好主意吗？

玛丽：要不，咱俩买块表送他吧。下学期我们都要回国了，小王以后一看时间，就会想起我们的。

麦克：这个主意不错，就依你吧。

第十一课 种一株快乐的兰花在心里

生词

1.	株	zhū	[量]	a measure word
2.	兰花	lánhuā	[名]	orchid
3.	著名	zhùmíng	[形]	famous
4.	和尚	héshang	[名]	monk
5.	弟子	dìzǐ	[名]	disciple
6.	照看	zhàokàn	[动]	to look after
7.	刮	guā	[动]	to blow
8.	暴雨	bàoyǔ	[名]	storm
9.	架	jià	[名]	shelf
10.	盆	pén	[名]	pot
11.	寺院	sìyuàn	[名]	temple
12.	惩罚	chéngfá	[动]	to punish
13.	当初	dāngchū	[名]	originally
14.	心情	xīnqíng	[名]	mood
15.	激动	jīdòng	[形]	excited
16.	失	shī	[动]	to lose
17.	平淡	píngdàn	[形]	plain
18.	智慧	zhìhuì	[名]	wisdom
19.	交往	jiāowǎng	[动]	to communicate
20.	育	yù	[动]	to give birth to
21.	如意	rú yì		as one wishes
22.	气质	qìzhì	[名]	temperament
23.	比喻	bǐyù	[名、动]	metaphor
24.	依	yī	[动]	to comply with

语言点

排比句

排比就是把内容相关，结构相同或相近，语气连贯的三个或三个以上的语句连起来用，使语气更加强烈。例如：

(1) 我不是为了生气而工作的，我不是为了生气而交往的，我不是为了生气而生儿育女的，我不是为了生气而生活的……

(2) 爱心是冬日的阳光，使贫病交迫的人感到人间的温暖；爱心是沙漠里的泉水，使人重新看到生活的希望；爱心是一首飘荡在夜空的歌谣，使孤苦无依的人获得心灵的安慰。

练习

一、读读写写

著名　　照看　　暴雨　　惩罚　　当初　　心情　　激动
平淡　　智慧　　交往　　如意　　气质　　比喻　　按照

二、读拼音写汉字

{ lánhuā _____ 　　{ héshàn _____ 　　{ sìyuàn _____
{ xīnláng _____ 　　{ héshang _____ 　　{ shìyàn _____

{ dìzǐ _____ 　　{ yànzi _____ 　　{ huājià _____
{ dìzhǐ _____ 　　{ yuànzi _____ 　　{ huàjiā _____

责 guài（　　）学生　　　yōng（　　）有财产　　　guō（　　）起大风
十分 jī（　　）动　　　花 péng（　　）碎了　　　接受惩 fá（　　）

三、为下列汉字加偏旁，然后再组词

父 { ( ) _____ ( ) _____ }　　舌 { ( ) _____ ( ) _____ }　　完 { ( ) _____ ( ) _____ }

加 { ( ) _____ ( ) _____ }　　寺 { ( ) _____ ( ) _____ }　　刀 { ( ) _____ ( ) _____ }

头 { ( ) _____ ( ) _____ }　　昔 { ( ) _____ ( ) _____ }　　朱 { ( ) _____ ( ) _____ }

四、写出下列词语的反义词

得_____　　著名_____　　认真_____　　惩罚_____

低_____　　平静_____　　幸福_____　　如意_____

五、选词填空

著名　照看　惩罚　责怪　平淡　交往　拥有　气质

1. 作为父母，不仅要关心孩子的身体健康，还要关注孩子和什么样的人_____。

2. 事情都这样了，_____他还有什么用呢？

3. _____健康的身体对于老年人来说是最大的幸福。

4. 今天晚上谁能帮我_____一下孩子？我有一个重要的约会。

5. 这个女孩儿的_____很好，当个时装模特是肯定没问题的。

6. 虽然许多_____的科学家出生时家庭都很贫寒，但后来他们却为人类创造了巨大的财富。

7. 直到他妻子去世后，他才明白他们在一起的日子虽然_____，但却让他难以忘怀。

8. 对于孩子来说，_____不一定会让他改正错误；相反地，鼓励却会带来进步。

六、完成下列的排比句

1. 我努力学习，因为_____；我努力学习，因为_____；我努力学习，还因为_____。
2. 在中国，你会发现_____；在中国，你会发现_____；在中国，你还会发现_____。
3. 我爱我的妈妈，因为_____；我爱我的妈妈，因为_____；我爱我的妈妈，还因为_____。
4. 不要_____，不要_____，你_____。

七、讨论

1. 弟子们没照看好兰花，师父生气了吗？
2. "我不是为了生气而种兰花的"这句话包含了什么道理？
3. 你喜欢养花吗？你最喜欢什么花？你知道这种花代表什么吗？

副课文

最美的名字

在一次作文课上，我让同学们以《名字的故事》为题目作口头作文，结果，平时最不擅长表达的女生摘走了"最美的名字"的桂冠。

这个女生的名字叫秦沫沫，她为大家讲述了她的名字的由来：

　　我原来叫秦玲玲，两岁那年因为发烧住进了唐山市儿童医院，不幸遇上了大地震。来医院陪伴我的妈妈当场就被掉下来的一块楼板夺去了性命。我和两个阿姨被埋在了废墟下面。一开始，我不停地哭闹，喊着要妈妈，但很快我就哭不动了——我渴呀！两个阿姨轮流抱着我，她们看我渴得要死，就试着往我嘴里滴了些尿液，可我怎么也不肯咽，全都吐了出来。"这孩子的命怕是保不住了。"一个阿姨伤心地说。"是啊，哪怕有一滴水润润这可怜的小嘴巴也行啊！"另一个阿姨也绝望地说。突然，这个阿姨被自己的话提醒了，她俯下身对着我的小嘴喂了一点儿唾沫，另一个阿姨也艰难地积存了一点儿唾沫喂给了我……六十多个小时过去了，我们终于被救了出来。为了记住我是怎样活下来的，我这个"吃唾沫"的孩子从此改名叫秦沫沫。

没有雕饰，没有必要的临摹，那时，我们用生命中最美好的感觉一遍遍默默地念着秦沫沫这个不寻常的名字，但我们全被一种比乳汁更伟大的喂养所感动了。

生词

1.	作文	zuòwén	[名]	composition
2.	题目	tímù	[名]	title
3.	擅长	shàncháng	[动]	to be good at
4.	表达	biǎodá	[动]	to express
5.	摘	zhāi	[动]	to pick up
6.	桂冠	guìguān	[名]	laurel
7.	发烧	fā shāo		to have a fever
8.	不幸	búxìng	[形]	misfortune
9.	地震	dìzhèn	[名]	earthquake
10.	当场	dāngchǎng	[副]	on the spot
11.	夺	duó	[动]	to be deprived
12.	性命	xìngmìng	[名]	life
13.	埋	mái	[动]	to bury

14. 废墟	fèixū	[名]	ruins
15. 轮流	lúnliú	[副]	in turn
16. 尿液	niàoyè	[名]	urine
17. 咽	yàn	[动]	to swallow
18. 吐	tǔ	[动]	to spit
19. 润	rùn	[动]	to be moist
20. 俯	fǔ	[动]	to bow
21. 喂	wèi	[动]	to feed
22. 唾沫	tuòmo	[名]	saliva
23. 积存	jīcún	[动]	to store up
24. 雕饰	diāoshì	[动]	to decorate
25. 临摹	línmó	[动]	to copy
26. 寻常	xúncháng	[形]	ordinary
27. 乳汁	rǔzhī	[名]	latex

回答问题

1. "我"发烧住院时发生了什么事情？当时情况怎么样？
2. "我"是怎么活下来的？
3. 你的名字是谁起的？你知道你的名字的意思吗？

第十二课　写　信

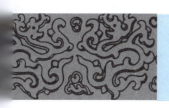

一

　　一天晚上，我在给朋友写信，这是我第一次写信，没有什么经验，千言万语却不知写什么好。

　　在电信局工作的爸爸看见了，说："现在是什么年代啊，打电话要比写信方便多了。"

　　妈妈听见了就说："写信多好啊，既能提高写作能力，又能联络同学之间的感情。"

　　"是啊，是啊！"爷爷接着妈妈的话说，"我当了一辈子的邮递员，给人们送的信多得数不清。每个人收到信都是高高兴兴的。如果你的朋友收到你写的信，一定也会很高兴。"

　　"可是寄信的速度太慢了，一点儿也跟不上时代，写信已经过时了，发电子邮件又快又方便。"爸爸又说。

　　"打电话是比寄信贵，这是谁都知道的，再说，有的话在电话里不好说，还不如写信。虽然现在有了电话、手机、互联网，但是信还是有它特殊的用处。写信不但能传递信息，而且还能传递感情。人们读信的时候，不仅能了解写信人的情况，而且还能体会到写信人的感情……"

　　听完妈妈的话，我又开始在信笺上认认真真地写起来……

（选自《作文报》2005年第14期，有改动）

二

亲爱的妈妈：

您好！

我在学校里生活得很好，我的心思都在学习上。我本来不想想您的，可是晚上做梦的时候，常梦见您在帮我收拾行李。

我周末和同学一起出去玩儿，大家玩儿得非常开心。我本来不想想您的，可是我们一起吃饭的时候，我就特别想吃您做的饭菜。

我的老师让我们写《最思念的人》，我考虑许久，我本来不想想您的，可是脑袋里总是您最清晰。

妈妈，其实，说"我本来不想想您"是假的。

女儿 敬上

（选自《感动》2006年5月，朝花出版社，有改动）

生词

1. 电信局　　diànxìnjú　　[名]　　telecom
2. 年代　　　niándài　　　[名]　　age
3. 方便　　　fāngbiàn　　 [形]　　convenient
4. 既……又……　jì……yòu……　　　both...and
5. 联络　　　liánluò　　　[动、名]　to make contact, liaison

6. 邮递员	yóudìyuán	[名]		postman
7. 过时	guò shí			out-of-date
8. 贵	guì	[形]		expensive
9. 手机	shǒujī	[名]		mobile-phone
10. 互联网	hùliánwǎng	[名]		internet
11. 特殊	tèshū	[形]		special
12. 用处	yòngchù	[名]		usage
13. 信息	xìnxī	[名]		information
14. 情况	qíngkuàng	[名]		situation
15. 体会	tǐhuì	[动、名]		to taste, experience
16. 信笺	xìnjiān	[名]		letter paper
17. 心思	xīnsi	[名]		heart
18. 收拾	shōushi	[动]		to pack
19. 行李	xíngli	[名]		luggage
20. 清晰	qīngxī	[形]		clear

语言点

一、形容词重叠

一部分形容词可以重叠，表示程度加深。双音节形容词重叠的方式是"AABB"，作状语时一般要加"地"。例如：

（1）昨天我们高高兴兴地去参观了博物馆。
（2）这个周末我想和朋友热热闹闹地开个晚会。

二、疑问代词的任指用法

疑问代词"谁、什么、哪（哪儿）、怎么"可以在句中指代任何人、事物或方式，强调没有例外。后边常与"都"或"也"呼应。例如：

(1) 谁都认识他。

(2) 什么也不知道。

(3) 哪儿都不想去。

(4) 怎么也弄不明白。

练习

一、读读写写

| 电信局 | 年代 | 提高 | 能力 | 联络 | 特殊 |
| 感情 | 一辈子 | 过时 | 速度 | 传递 | 信笺 |

二、为下列汉字加偏旁，然后再组词

关 { ( ) _____ ( ) _____ }　　非 { ( ) _____ ( ) _____ }　　戈 { ( ) _____ ( ) _____ }

又 { ( ) _____ ( ) _____ }　　台 { ( ) _____ ( ) _____ }　　奇 { ( ) _____ ( ) _____ }

免 { ( ) _____ ( ) _____ }　　斤 { ( ) _____ ( ) _____ }

三、填写适当的动词

_____手机　　　　_____电话　　　　_____电脑

_____传真　　　　_____电子邮件　　_____网

_____信　　　　　_____请柬　　　　_____名片

四、选词填空

> 提高　联络　互联网　传递　特殊　感情　体会　了解

1. 公司已经派小刘去国外处理这件_____的事情了。
2. 虽然_____上的新闻很多,但有的也不能轻易地相信。
3. _____汉语口语水平的最好办法就是多开口说话。
4. 你又不_____当时的情况,怎么能乱说呢?
5. 陈刚已经结婚20多年了,他和他妻子的_____仍然很深。
6. 现代科技发达了,人与人之间的_____方式也更便捷了。
7. 说起来容易做起来难。你怎么能_____我当时的心情呢?
8. 看谁能在最短的时间内说出最多的_____信息的方法。

> 再　又

1. 我昨天去找他,他不在。今天给他打电话,他_____不在。
2. 我_____尝了一下儿你做的菜,真不错。我还想_____尝尝,可以吗?
3. 现在太晚了,我们明天_____谈吧。
4. 他昨天上午来了,下午_____来了,可是晚上没有_____来。

> 就　才

1. 他很聪明,学了一年_____学会了。
2. 中文很难,他学了十年_____学会。
3. 你说从北京开车到这儿半个小时_____能到了,可我怎么开了一个半小时_____到呢?
4. 这本书我花了两块钱_____买到了。

> 经验　经历

1. 小陈刚来我们公司,没有多少工作_____,请大家多帮帮他。
2. _____了这场战争,年轻人更勇敢了。
3. 野餐对每个孩子来说都是一次愉快的_____。
4. 凭着丰富的_____,他顺利地完成了上级交给的重要任务。

五、用疑问代词的任指用法改写下面的句子

1. 公司里人人都知道小王是个能干的人。
   _____

2. 这个暑假我一个地方都没去，一直待在家里。
   _____

3. 那条裙子我洗了好多遍都没有洗干净。
   _____

4. 这个超市的东西太贵了，我没买东西。
   _____

5. 在家里，她不做家务。
   _____

6. 她的爱好是唱歌，所有的歌她都会唱。
   _____

六、讨论

1. 爸爸、妈妈和爷爷对写信都是什么态度？他们的理由是什么？
2. 你是怎样看待写信的？
3. 谈谈现代技术给人们的生活带来的改变。

副课文

请客的经济学

　　一群人聚到一块儿吃饭，通常中国人会由其中的一个买单，而西方人则偏好 AA 制，大家分摊。这是为什么？一般的回答是因为文化的不同，中国人讲面子、好客气，西方人比较实在，崇尚独立。

在经济学家看来，历史上的中国社会以农业文明为特征，人群的流动性较差，因此，一个人请客的时候，完全可以预期到被请的人日后也会请他，所以请客的人其实并不吃亏，大家轮流来就是了。而在西方，海洋和商业文明使得人群的流动性增大，一个人请别人的客，被请的人说不定这辈子再也碰不到了，为了大家都不吃亏，彼此分摊，各人付各人的便是最好的办法。

我们从经济学的角度去看，西方人是一次性的 AA 制，中国人是拉长了时间的分次的 AA 制，中国人请客吃饭和西方人在实质上是一样的，只是因为流动性不同。

其实，仔细想想，可能还是很有道理的。中国人不是怪物，与西方人没有什么两样。如果说中国文化与西方文化真有什么不同，不在于中国人与西方人在理性上有什么不同，只不过做出理性选择的生存环境和条件不同罢了。

（选自《读者》2005 年第 4 期，有改动）

生词

1. 经济学	jīngjìxué	[名]	economics
2. 单	dān	[名]	bill
3. 偏好	piānhào	[动]	to have partiality for
4. 分摊	fēntān	[动]	to share the expenses
5. 崇尚	chóngshàng	[动]	advocate
6. 农业	nóngyè	[名]	agriculture
7. 文明	wénmíng	[名]	civilization
8. 人群	rénqún	[名]	crowd
9. 流动性	liúdòngxìng	[名]	fluidity
10. 预期	yùqī	[动]	to anticipate
11. 辈子	bèizi	[名]	lifetime

12. 亏	kuī	[名]	lose
13. 道理	dàolǐ	[名]	reason
14. 理性	lǐxìng	[名]	logos
15. 生存	shēngcún	[动]	to exist
16. 罢了	bàle	[助]	an auxiliary word

回答问题

1. 在经济学家看来，中国人的请客和西方人的 AA 制的习惯是怎么形成的？
2. 为什么说中国人请客和西方人的 AA 制实质上是一样的？
3. 你喜欢在家里请朋友吃饭还是喜欢在饭店里请朋友吃饭？
4. 你觉得你认识的中国人和你们国家的人有什么不同？

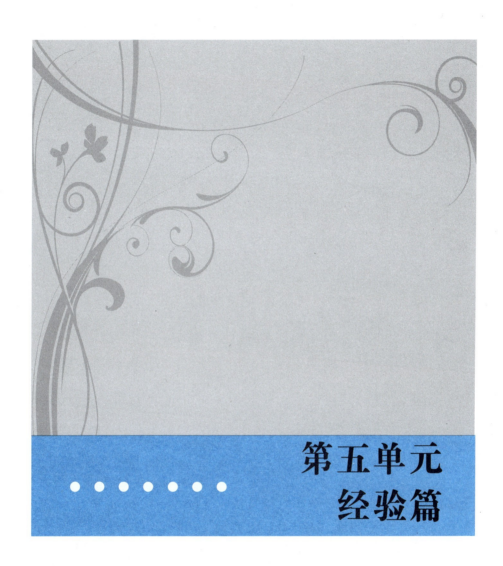

第五单元
经验篇

第十三课　动物御寒

一

在寒冷的冬季里，动物怎样御寒呢？

令人奇怪的是，动物似乎也知道"生命在于运动"的道理。

当老虎感到寒冷时，就会来来回回地奔跑，而且非常专心，即使身边跑来兔子也不看一眼，直到跑得身子暖烘烘了才停下。生活在山林中的大猩猩感到寒冷时，就会搬起大石头走过来走过去，直到出汗才停止。

在俄罗斯北部生活着一种野鹿，冬季里，它们会找一个比较偏僻的地方，三三两两地互相打斗，直"打"得全身暖和了才去找食物。在特别寒冷的日子里，皮毛长得又长又密的兔子会挤在一起，互相撞对方的肚子，这样也可以让身体暖和起

来。阿尔卑斯山东部有一种白鼠，身体比猫还要大。天气寒冷的时候，它们会把身体蜷成一团，一齐从山顶滚下去，然后跑回山顶再滚下去，用这种方法取暖。

　　动物的冬眠，也是一种应对气温降低、食物缺乏的不利环境的行为。动物冬眠的时间长短不一样：有的一次冬眠能睡上200多天，有的每年只有20天的冬眠。有的冬眠的动物就像死了一样，但事实上却是活的。北极熊虽然有时候也会冬眠，但却是睁一只眼，闭一只眼，非常警惕。

（选自《求智》2004年第11期，有改动）

二

汤姆：你喜欢看体育比赛吗？
海伦：那当然啦！足球比赛啦，篮球比赛啦，乒乓球比赛啦……特别是羽毛球男子双打，真精彩！
汤姆：小时候我也体验过。
海伦：真的吗？说来听听。
汤姆：那是考试"三打"！
海伦：什么？
汤姆：我考了70分是女子单打，60分是男子单打，50分以下是男女混合双打！

生词

1.	御	yù	[动]	to defense
2.	寒	hán	[形]	cold
3.	令	lìng	[动]	let
4.	生命	shēngmìng	[名]	life
5.	虎	hǔ	[名]	tiger
6.	奔	bēng	[动]	to rush
7.	兔子	tùzi	[名]	hare
8.	暖烘烘	nuǎnhōnghōng	[形]	warm
9.	大猩猩	dàxīngxing	[名]	gorilla
10.	搬	bān	[动]	to move
11.	汗	hàn	[名]	sweat
12.	停止	tíngzhǐ	[动]	to stop
13.	野	yě	[形]	wild
14.	鹿	lù	[名]	deer
15.	偏僻	piānpì	[形]	remote
16.	互相	hùxiāng	[副]	each other
17.	打斗	dǎdòu	[动]	to fight
18.	密	mì	[形]	dense
19.	撞	zhuàng	[动]	to bump
20.	蜷	quán	[动]	to curl up
21.	顶	dǐng	[名]	top
22.	滚	gǔn	[动]	to roll
23.	冬眠	dōngmián	[名]	hibernation
24.	应对	yìngduì	[动]	to deal with
25.	降低	jiàngdī	[动]	to fall
26.	行为	xíngwéi	[名]	behavior

27. 睁	zhēng	[动]	to open
28. 闭	bì	[动]	to close
29. 警惕	jǐngtì	[动]	to guard
30. 混合	hùnhé	[动]	to mix

专名

1. 俄罗斯　　　　Éluósī　　　　　　Russia
2. 阿尔卑斯山　　Ā'ěrbēisī Shān　　Alps
3. 北极　　　　　Běijí　　　　　　north pole

语言点

一、简单趋向补语

动词"来""去"或"上、下、进、出、起、过、回"放在其他动词后作补语，表示趋向，叫简单趋向补语。

1. 宾语是表示处所的词语时，要放在简单趋向补语"来"或"去"之前。例如：

(1) 山本已经回日本去了。

(2) 下雨了，我们赶快进教室去吧。

2. 宾语不是表示处所的词语时，既可以放在动词和"来"或"去"之间，也可以放在"来"或"去"之后。例如：

(1) 请端一盘热菜来。

（2）妈妈拿来了一个杯子。

二、复合趋向补语

下列七个动词后边加上简单趋向补语"来，去"以后，构成 13 个动补短语，可以充当别的动词的补语，表示动作的方向，叫做复合趋向补语。

	上	下	进	出	回	过	起
来	上来	下来	进来	出来	回来	过来	起来
去	上去	下去	进去	出去	回去	过去	

例如：

（1）玛丽站起来大声说："我同意！"
（2）天快黑了，我们只好走回学校去了。

练习

一、读读写写

动物　御寒　生命　运动　道理　停止　偏僻
互相　打斗　滚动　应对　行为　倒闭　警惕

二、为下列汉字加偏旁，然后再组词

三、写出下列词语的反义词

闭_____ 寒冷_____ 专心_____ 停止_____

死_____ 偏僻_____ 不利_____ 缺乏_____

四、选词填空

> 道理　停止　互相　应对　偏僻　降低　缺乏　警惕

1. 中国的经济越来越发达了，就连_____的小山村里也有很多人买了电脑。
2. 每年过春节时，火车站、汽车站等人多的地方小偷也特别多，大家可要提高_____。
3. 一支筷子很容易折断，十双筷子就不容易折断。这个_____是非常简单的。
4. 当一个人的心脏刚_____跳动时，他的大脑有可能还在活动。
5. 公司里各个部门如果常常_____指责，那这个公司就不会有什么发展了。
6. 由于平时_____锻炼，八百米的跑步比赛竟然没人坚持到最后。
7. 只要气温_____到零度以下，水就会结冰。
8. 灾难发生得太突然了，人们都不知道应该如何_____。

五、用"起来"或"出来"填空

1. 看_____他是不打算跟我们一块儿去图书馆了。
2. 你知道吗？十年没见了，她的变化太大了，我差点儿没认_____。
3. 大家想了半天，终于想_____一个好办法。
4. 我觉得她很面熟，可就是想不_____以前在哪儿见过她。
5. 突然，他从口袋里拿_____一支手枪，我们一下子都吓呆了。
6. 她长得真漂亮，就是哭_____都挺可爱的。

六、用"动词+复合趋向补语"填空

1. 他从书包里（　　　　　）几本汉语书。
2. 他从银行（　　　　　）一千块钱。
3. 妈妈从商店（　　　　　）一个大面包。
4. 他从图书馆（　　　　　）几本小说。
5. 听到电话铃响，他赶快从床上（　　　　　）。

七、完成下列句子

1. 运动场上很热闹，有的_____，有的_____。
2. 公园里的人很多，有的_____，有的_____。
3. 我们班有很多留学生，有的_____，有的_____。
4. 这家超市的东西可真多，有的_____，有的_____，有的_____。
5. 春天到了，鲜花盛开，有的_____，有的_____，有的_____。

八、讨论

1. 课文中讲到了几种动物？它们都是怎么御寒的？
2. 你知道哪些动物会冬眠？
3. 介绍一种动物的生活习惯。

副课文

完美的男人

今天的统计课讲的是"可能性"。教授说:"当我们发现一个人或一件事有 A 或 B 的可能性时,概率比同时有 A 和 B 的可能性要大。"他举了一个例子:"现在我们来做个试验。题目是,什么样的男子是最完美的。换句话说你们最想嫁给什么样的男子。来看看在多少男子里可以发现一个这样的人。"

课堂气氛立刻活跃起来,所有的女生都很兴奋:

"他要富有。"

"一年至少挣 20 万。"

"大概在 30 个男子里会有这么一个人……"

教授在黑板上写下了 1/30。

"要英俊。"一个矮胖的女生说。

另一个接着说:"50 个里面能找出一个吧。"

教授微笑着说:"能不能宽容一点儿,二十分之一?"

说着他又写下了 1/20。

大家接着说了以下几条:幽默、性感、浪漫、成功、忠诚。分别对应的数字是:1/20,1/40,1/30,1/30,1/60。

教授在黑板上写下以下算式:

1/30 × 1/20 × 1/20 × 1/40 × 1/30 × 1/30 × 1/60,结果为 1/25920000000。

"找这样的男人比中彩票还难!"教授微笑着说,"问题是,当你有幸碰见这样的一个男人时,他愿意找你的可能性是多大呢?"

教室里先是一阵安静,然后响起了笑声。

第十三课 动物御寒

生词

1. 完美	wǎnměi	[形]	perfect
2. 统计	tǒngjì	[动、名]	statistics
3. 可能性	kěnéngxìng	[名]	possibility
4. 概率	gàilǜ	[名]	probability
5. 嫁	jià	[动]	to marry
6. 课堂	kètáng	[名]	classroom
7. 气氛	qìfēn	[名]	atmosphere
8. 活跃	huóyuè	[形]	active
9. 富有	fùyǒu	[形]	rich
10. 挣	zhèng	[动]	to earn
11. 英俊	yīngjùn	[形]	handsome
12. 宽容	kuānróng	[形]	tolerate
13. 幽默	yōumò	[形]	humour
14. 性感	xìnggǎn	[形]	oomph, sexy, erogenous
15. 浪漫	làngmàn	[形]	romantic
16. 成功	chénggōng	[形]	successful
17. 阵	zhèn	[量]	a measure word
18. 响	xiǎng	[动]	to sound

回答问题

1. 为什么说找一个完美的男人比中彩票还难？
2. 谈谈你心目中的理想男人或女人。

第十四课 搬 家

一

大英图书馆老馆已经很旧了，于是又在新的地方建了一个新的图书馆。新馆建成后，得把老馆的书都搬到新馆去。这应该是搬家公司的活儿，没什么好策划的，把书装上车，拉走，再放进新馆就行了。但是按照预算需要350万英镑，图书馆没有这么多钱。雨季就要到了，如果不马上搬家，损失就太大了。怎么办？

正当馆长苦恼的时候，一个馆员问馆长苦恼什么，馆长把情况给这个馆员介绍了一下。几天后，馆员找到馆长，告诉馆长他有一个解决的办法，不过仍然需要150万英镑。馆长十分高兴，因为图书馆有能力支付这笔钱。

"快说出来！"馆长很着急。

馆员说:"好主意也是商品,我有一个条件。"

"什么条件?"馆长更着急了。

"如果把150万全花光了,那就当我为图书馆做贡献了;如果有剩余,图书馆把剩余的钱给我,就算是奖励吧。"

"那没问题。350万我都愿意了,150万以内剩余的钱给你,我马上就能做主!"

"那咱们签个合同?"馆员意识到发财的机会来了。

合同签订了,不久就按照馆员的搬家计划执行了。花150万英镑?连零头都没用完,就把图书馆给搬了。

原来,图书馆在报纸上登了一条消息:"从即日起,大英图书馆免费、不限量向市民借书,条件是从老馆借出,还到新馆去……"

(选自《读者》2005年第23期,有改动)

二

铃木:杰克,这几天怎么没来上课呀?在忙什么呢?

杰克:忙着收拾东西。这个周末我要搬家了。

铃木:搬家?你不是说你住的地方很好吗?

杰克:好是好,可离学校太远了,而且周围也没有什么大超市。

铃木:那你现在找的房子怎么样?

杰克:就在学校东门附近。房子小了点儿,不过挺干净的,离超市很近,以后生活会很方便的。

铃木:那我们以后可以常常在一起聊天了。要我帮你搬家吗?

杰克:谢谢,不用了。我打电话叫搬家公司搬吧。搬好后,我请你到我那儿喝酒。

铃木：好啊，我正好去祝贺你乔迁之喜。

生词

1.	图书馆	túshūguǎn	[名]	library
2.	建	jiàn	[动]	to build
3.	活儿	huór	[名]	job
4.	策划	cèhuà	[动]	to plan
5.	预算	yùsuàn	[名]	budget
6.	损失	sǔnshī	[名]	loss
7.	解决	jiějué	[动]	to solve
8.	仍然	réngrán	[副]	still
9.	需要	xūyào	[动]	need
10.	条件	tiáojiàn	[名]	condition
11.	贡献	gòngxiàn	[名]	dedication
12.	剩余	shèngyú	[动]	to remain
13.	奖励	jiǎnglì	[动、名]	reward
14.	做主	zuò zhǔ		to decide
15.	签	qiān	[动]	to sign
16.	合同	hétóng	[名]	contract
17.	意识	yìshi	[动、名]	to realize
18.	零头	língtóu	[名]	oddment
19.	登	dēng	[动]	to ascend
20.	即日	jírì	[名]	that very day
21.	免	miǎn	[动]	to free
22.	限	xiàn	[动]	to limit

23. 量	liàng	[名]	amount
24. 还	huán	[动]	to return
25. 祝贺	zhùhè	[动]	to celebrate
26. 乔迁之喜	qiáo qiān zhī xǐ		happy house-moving

语言点

一、愿意

助动词"愿意"表示乐意做某事，否定式是"不愿意"。例如：

(1) 她好像不愿意帮助我们，我们走吧。
(2) 我不愿意回国。

二、得（děi）

助动词"得"用于口语，表示事实上或意志上的需要，可以用"不用"作否定表达。例如：

(1) 天都黑了，我得回家了。
(2) 她还不知道这件事，你得打电话通知她。

练习

一、读读写写

| 策划 | 按照 | 预算 | 损失 | 苦恼 | 解决 | 仍然 |
| 需要 | 条件 | 剩余 | 奖励 | 合同 | 意识 | 免费 |

二、为下列汉字加偏旁，然后再组词

官 { (　　) _____ 　舟 { (　　) _____ 　戈 { (　　) _____
　　{ (　　) _____ 　　{ (　　) _____ 　　{ (　　) _____

安 { (　　) _____ 　员 { (　　) _____ 　古 { (　　) _____
　　{ (　　) _____ 　　{ (　　) _____ 　　{ (　　) _____

旁 { (　　) _____ 　力 { (　　) _____ 　丸 { (　　) _____
　　{ (　　) _____ 　　{ (　　) _____ 　　{ (　　) _____

三、写出下列词语的反义词

旧_____　　免费_____　　借_____　　着急_____

快_____　　奖励_____　　马上_____　　有限_____

四、填写适当的词语

解决_____　　　　支付_____　　　　签订_____

建造_____　　　　预算_____　　　　执行_____

奖励_____　　　　刊登_____　　　　归还_____

五、选词填空

　策划　　损失　　苦恼　　解决　　支付　　奖励　　意识　　做主

1. 最近老王很_____，他还不习惯过这种不工作、整天没事干的退休日子。

2. 如果等到你真正_____到该锻炼身体的时候，恐怕已经晚了。

3. 几个部门经理到现在还没下班，他们还在公司里_____明年的新计划。

4. 丈夫早就去世了，她好容易才还清了所有债务，再也没有能力_____儿子高昂的留学学费了。

5. 这个会计的失误给公司带来了巨大的_____，最后老板只好请他走人。

6. 训练动物的方法中，_____是非常重要的。

7. 面对这样重要的一件事，公司里没人敢轻易_____。

8. 别看小张年轻，电脑的毛病没有他不能_____的。

愿意　得

1. 玛丽非常_____留在中国，她还想再学习一年汉语。

2. 天太晚了，我_____赶快回家了。

3. 如果他_____帮助我们，我们就有机会了。

4. 妈妈就要回家了，我_____赶快做作业。

根据　按照

1. 你应该_____医生说的，每天坚持吃这种药，注意休息。

2. 你这么说是没有_____的。

3. _____警察的调查，他与这桩案件无关。

4. 这件衣服是_____你自己的身材做的，肯定很合身。

六、讨论

1. 馆长为什么事情而苦恼？

2. 那个馆员为什么要和馆长签合同？他是怎么做的？

3. 你觉得那个馆员怎么样？

副课文

假　钱

那天，我在学校附近的夜市买了一双50元钱的运动鞋，没想到给摊主100元真钱，却找回一张50元的假钱。

唉，真是吃大亏了。怎么把假钞用出去呢？我想到商场给女朋友买化妆品，可看到商场柜台上的验钞机，我又退缩了。想了又想，我又转到了学校旁边的夜市，看到一个老婆婆在卖一元一串的臭豆腐，生意挺好。我也装模作样地挑了一串，可付钱的时候手不自觉地发抖。这么冷的天，老婆婆卖一缸豆腐也赚不了50元啊。于是，我从口袋里摸出了1元的硬币。

在夜市转了一圈，我还是没有把这张50元的假钱用掉。唉，就当是花钱买了个教训吧。

返回的路上，一个女摊主在大声地叫卖刚出炉的糖炒板栗。我想给女朋友带点儿回去尝尝，就让摊主给我称了两斤。我从钱包里掏出100元找零，女摊主眼疾手快地把那张50元假钱抽了去，说100元找不开。

回去后我把这事告诉了女朋友，女朋友顺手把板栗往称体重的秤上一放，叫道："怎么只有1斤4两啊？"

我的脸忽然涨得很红。

（选自《今日早报》2006年1月9日，有改动）

生词

1.	商场	shāngchǎng	[名]	marketplace
2.	化妆品	huàzhuāngpǐn	[名]	cosmetic
3.	柜台	guìtái	[名]	counter
4.	验	yàn	[动]	to examine
5.	钞	chāo	[名]	paper money
6.	退缩	tuìsuō	[动]	to cower
7.	装模作样	zhuāng mú zuò yàng		to pretend
8.	自觉	zìjué	[动]	to be conscious
9.	发抖	fā dǒu		to tremble
10.	硬币	yìngbì	[形]	coin
11.	教训	jiàoxùn	[名、动]	lesson, teach sb. a lesson

12. 返回	fǎnhuí	[动]	to return
13. 炉	lú	[名]	furnace
14. 糖	táng	[名]	sugar
15. 板栗	bǎnlì	[名]	nut
16. 眼疾手快	yǎn jí shǒu kuài		fast
17. 顺手	shùnshǒu	[副]	do sth. as a natural sequence
18. 涨	zhàng	[动]	to swell

回答问题

1. "我"为什么没把那张假钱给老婆婆?
2. 最后,"我"的脸为什么"涨得很红"?
3. 你收到过假钱吗?你是怎么处理的?

第十五课　三个人一双眼睛

一

星期日的百货大楼非常热闹。

从楼上走下三个人。中间是一个很漂亮的男孩子，大约有八九岁。他左手牵着爸爸，右手牵着妈妈。

爸爸和妈妈是两个盲人，很小心地慢慢地踩着一级一级的台阶。所有看到的人立刻停住了脚步，让开了一条路。热闹的大楼马上安静了下来。

一步、两步、三步……那男孩儿的眼睛多明亮啊，黑黝黝的。他们一边走，一边说着，脸上露着笑容。

渐渐地，远了。

三个人一双眼睛。

而我，两只脚却像生了根似的，站在那里很久都没动。不知过了多长时间，我才像从梦中醒来，身体抖动了一下，呼吸也抖动了。

三个人一双眼睛。脸上露着笑容。

不知为了什么，我跑下楼去追赶他们。我想更准确地看清他们的长相。我想望望小男孩儿的眼睛，摸摸他的头，再捧起他的小脸，还想和他的爸爸妈妈握握手。我要问一问他们生活中的很多问题。

三个人一双眼睛。脸上露着笑容。

我跑到街上，车流和人流淹没了那三个人。

我突然觉得天空从来没有像现在这样蓝过，生活从来没有像现在这样美好过。新鲜的阳光照在这个世界上，就像三张脸上露出的笑容。

二

麦克：喂！请问玛丽在吗？

海伦：她已经不在了。

麦克：什么？她出什么事了？昨天不是还好好的吗？

海伦：她没出事呀。我说她现在没在宿舍里，她去图书馆了。

麦克：哦。汉语"谁不在了"意思是"谁已经死了"，你吓了我一大跳。

海伦：原来如此！

麦克：那我等一会儿再打电话来找她吧。

生词

1. 百货大楼	bǎihuò dàlóu		department store
2. 大约	dàyuē	[副]	about
3. 牵	qiān	[动]	to lead
4. 盲	máng	[形]	blind
5. 踩	cǎi	[动]	to trample

6. 台阶	táijiē	[名]	step
7. 黑黝黝	hēiyǒuyǒu	[形]	black
8. 抖动	dǒudòng	[动]	to wobble
9. 呼吸	hūxī	[动]	to breathe
10. 准确	zhǔnquè	[形]	exact
11. 长相	zhǎngxiàng	[名]	appearance
12. 捧	pěng	[动]	to hold
13. 握手	wò shǒu		to shake hands
14. 淹没	yānmò	[动]	to overwhelm
15. 新鲜	xīnxiān	[形]	fresh
16. 阳光	yángguāng	[名]	sunlight
17. 连	lián	[介]	including
18. 验钞	yàn chāo		to check the fake money

语言点

比喻

比喻就是"打比方",是根据事物之间的相似点,把某一事物比作另一事物。

常用的比喻词有"好像""像……""像……似的""像……一样"等。例如:

(1) 空中出现了一道彩虹,好像一座彩桥悬在天上。

(2) 春风像一只彩笔,把整个世界描绘得绚丽多彩。

(3) 星星像一双双明亮的眼睛似的在夜空中闪烁。

(4) 小姑娘的心灵像雪花一样纯洁。

第十五课 三个人一双眼睛

练习

一、读读写写

大约　　牵　　踩　　盲人　　台阶　　抖动
长相　　捧　　根　　握手　　淹没　　新鲜

二、读拼音写汉字

手 qiān（　　）着手　　tíng（　　）住脚步　　cǎi（　　）着台阶
小河流 tǎng（　　）　　双脚生 gēn（　　）　　呼吸 dǒu（　　）动
看清长 xiàng（　　）　　mō（　　）着头　　pěng（　　）起他的脸

三、为下列汉字加偏旁，然后再组词

大 { （　　）_____ （　　）_____ }　　介 { （　　）_____ （　　）_____ }　　亭 { （　　）_____ （　　）_____ }

黑 { （　　）_____ （　　）_____ }　　林 { （　　）_____ （　　）_____ }　　莫 { （　　）_____ （　　）_____ }

奉 { （　　）_____ （　　）_____ }　　奄 { （　　）_____ （　　）_____ }　　我 { （　　）_____ （　　）_____ }

四、给下列词语连线

黑黝黝的　　　　苹果
热闹的　　　　　天空
明亮的　　　　　棉花
新鲜的　　　　　眼睛
漂亮的　　　　　姑娘
红红的　　　　　水果
蓝蓝的　　　　　超市
雪白的　　　　　教室

五、选词填空

> 台阶　明亮　长相　抖动　追赶　准确　握手　淹没

1. 暴风雨过后，许多房屋都被水_____了。
2. 一般来说，昏暗的光线让人觉得压抑，_____的光线能让人心情舒畅。
3. 火车开动了，可那条狗还在_____坐上火车的主人。
4. 我的表有点儿慢了，你能告诉我现在的_____时间吗？
5. 他原来身体挺棒的，可生了一场大病后走五六级_____就觉得很累了。
6. 初次见面时男人与男人常常_____，可女人与女人却不会这样。
7. 你觉得小王女朋友的_____怎么样？
8. 母亲老了，每次看见她用_____的手给我夹菜时，我都很难过。

六、用"像……似的"把左右两边的内容连起来说一说

脸蛋　　　　箭
小明　　　　风
歌声　　　　苹果
老师　　　　鬼
影子　　　　妈妈

七、讨论

1. "我"为什么站在那里很久都没动？
2. "我"为什么觉得"生活从来没有像现在这样美好过"？
3. 谈谈生活中让你感动的人或者事情。

第十五课 三个人一双眼睛

副课文

不当差的天使走了

妈妈离开家的前一天晚上,和爸爸整整坐了一夜,也说了一夜的话,但我只记住了一句:"你走吧,让我来向孩子解释。"

这句话是爸爸说的,所以我知道要走的是妈妈。

妈妈离开后的好几天,我天天都在等着爸爸的解释,但他似乎把这件事忘了,只是每天按时接送我上学,在家长手册上认真填写我的学习情况……这些在许多同学家都是由妈妈来做的事情在我家里一直都是由爸爸来做。每当奶奶叹气说妈妈"心早就不在啦"时,爸爸就会制止奶奶。

一个月以后,一天晚上,爸爸合起给我读的故事书,又帮我压了压已经压得很好的被角,说:"你听过很多天使的故事,天使飞到一个地方,发现那里有人冷了,有人饿了,有人需要帮助了,她就会留下来当差,如果一切都很好的话,不当差的天使就会放心地飞走,继续去找需要她帮助的人。世界上的爸爸妈妈就是天使,是专门飞来照顾孩子,陪孩子一同好好长大的。咱们家里,有爸爸一个人就能照顾好你,所以,妈妈才放心地把你留给爸爸。妈妈去了一个很远的叫澳大利亚的地方,就像不当差的天使一样……"

这是我一生中听到过的父母在孩子面前对"离婚"做出的最美好、最阳光灿烂的解释。

(选自《读者》2004年第9期,有改动)

生词

1.	当差	dāng chāi		to be on errand
2.	天使	tānshǐ	[名]	angel
3.	解释	jiěshì	[动]	to explain
4.	家长	jiāzhǎng	[名]	paterfamilias
5.	手册	shǒucè	[名]	handbook
6.	叹气	tàn qì		to sigh
7.	制止	zhìzhǐ	[动]	to deter
8.	合	hé	[动]	to close
9.	压	yā	[动]	to press
10.	角	jiǎo	[名]	corner
11.	专门	zhuānmén	[副]	specially
12.	放心	fàng xīn		reassuringly
13.	离婚	lí hūn		divorce
14.	灿烂	cànlàn	[形]	effulgent

专名

澳大利亚　　Àodàlìyà　　Australia

回答问题

1. 关于妈妈离开的原因，爸爸为什么很长时间都没向"我"解释？
2. 最后，爸爸是怎么向"我"解释的？
3. 小时候谁对你的生活照管得多一些？你还对哪些事记忆深刻？

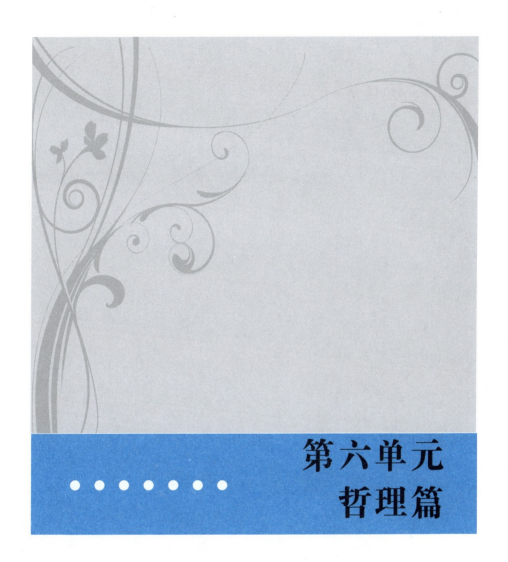

第六单元
哲理篇

第十六课　给予的故事

一

从前有一个人，在沙漠里迷路了。他又没吃的，又没喝的，马上就要死了。可是他还是慢慢地一步一步地向前走，终于见到了一间小屋。这间小屋很久没人住了。小屋前有一个吸水器，他立刻用力抽水，可是一点儿水也没有。突然他发现旁边有一个水壶，壶口被盖子盖住，壶上有一张纸条，上面写着："你要先把这壶水倒进吸水器中，然后才能打水。但是，在你走之前一定要把水壶装满。"他小心地打开盖子，里面果然有一壶水。

这个人不得不做出选择：要么按照纸上说的，把这壶水倒进吸水器里，但是，如果把水倒进去了，吸水器又不出水，那就浪费了这可以救命的水；要么把这壶水喝了，就可以挽救自己的生命。怎么办呢？

最后他决定按照纸条上说的去做，果然吸水器里涌出了泉水。

他痛痛快快地喝了个够！休息了一会儿，他又把水壶装满水，盖上盖子，在纸条上加了一句话："请相信我，纸条上的话是真的。你只有把生死置之度外，才能尝到甘甜的泉水。"

当你想得到的时候，先要给予。如果只想得到而不给予，那得到的会很少或者根本得不到。

（选自《课外美文》，江苏教育出版社2001年1月，有改动）

二

杰克：昨晚我去找你，可你不在家。

玛丽：我去图书馆了。

杰克：借到什么好书了？

玛丽：没有，我的电脑坏了，我去图书馆上网查资料，顺便还和一个网友聊了一会儿天。

杰克：你喜欢网上聊天？

玛丽：最近很喜欢。我认识的这个网友是个中国人。我说错或者写错的时候，她都会告诉我，我觉得这对我学习汉语很有帮助。

杰克：难怪你的汉语现在越来越好了！

生词

1.	给予	jǐyǔ	[动]	to bestow
2.	沙漠	shāmò	[名]	desert

第十六课 给予的故事

3. 迷路	mí lù		to get lost
4. 屋	wū	[名]	hut
5. 吸	xī	[动]	to sop
6. 器	qì	[名]	equipment
7. 抽	chōu	[动]	to take out
8. 壶	hú	[名]	kettle
9. 盖子	gàizi	[名]	lid
10. 倒	dào	[动]	to pour
11. 果然	guǒrán	[副]	really
12. 选择	xuǎnzé	[动]	to choice
13. 要么……要么……	yàome……yàome……		or...
14. 浪费	làngfèi	[动]	to waste
15. 挽救	wǎnjiù	[动]	to save
16. 泉水	quánshuǐ	[名]	fountain
17. 痛快	tòngkuai	[形]	to one's great satisfaction
18. 置之度外	zhì zhī dù wài		to have no regard for
19. 甘甜	gāntián	[形]	sweet
20. 查	chá	[动]	to consult
21. 资料	zīliào	[名]	information

语言点

只有……才……

关联词语"只有……才……"表示唯一的条件,没有前面的条件,就不能产生后面的结果。例如:

(1) 只有努力学习才能取得好的成绩。

(2) 只有收到了孩子写的信,父母才会放心。

练习

一、读读写写

给予　　　迷路　　　果然　　　选择　　　要么
浪费　　　挽救　　　痛快　　　甘甜　　　资料

二、读拼音写汉字

用力 chōu（　）水　　　wǎn（　）救生命　　　làng（　）费资源
zhì（　）之度外　　　品 cháng（　）泉水　　　按 zhào（　）要求
装满水 hú（　）　　　yǒng（　）出泪水　　　用力 xī（　）水

三、为下列汉字加偏旁，然后再组词

曷 { （　）_____ （　）_____ }　　直 { （　）_____ （　）_____ }　　由 { （　）_____ （　）_____ }

犬 { （　）_____ （　）_____ }　　士 { （　）_____ （　）_____ }　　良 { （　）_____ （　）_____ }

免 { （　）_____ （　）_____ }　　甬 { （　）_____ （　）_____ }　　予 { （　）_____ （　）_____ }

四、选词填空

给予　选择　浪费　挽救　痛快　果然　迷路　按照

1. 我都问了他好几次了，可他总说还没决定。他这人一点儿也不_____。
2. 一个人去爬山的话，我最担心的就是_____了。
3. 只要你_____老师介绍的那种正确方法去做，就一定会成功的。
4. 对于世界卫生组织_____的帮助，我们表示衷心感谢。
5. 你要么去北京，要么去南京，没有别的_____了。
6. 听说这种新药疗效不错，我用了以后病_____好了。

7. 你把这么多的饭都倒了，真是太_____了。

8. 是那位勇敢的警察_____了这一家人的性命。

五、用"果然"完成句子

1. 我听说节假日里很难买到飞机票，_____。
2. 昨天晚上天气预报说今天有雨，_____。
3. 朋友告诉我这种减肥药没用，_____。
4. 玛丽说这本书很好看，_____。

六、用下列词语造句

1. 要么……，要么……_____
2. 但是_____
3. 如果_____
4. 只有_____

七、改病句

1. 我的汉语越来越很流利了。
2. 在沙发上他躺着睡觉。
3. 我看见从前面开过来他的车。
4. 从教室里跑出来玛丽。
5. 突然下大雨了，我们只好跑进去宿舍。
6. 公园里很多人坐着在草地上。

八、指出下列对话中"来"的具体意思

1. A：你要买什么？
   B：我来一瓶可乐。
2. A：今天下午我们去健身房吧？
   B：算了，我们跟他们来场足球赛吧。
3. A：谁来帮我把门打开一下？
   B：我来吧。

4. A：你的歌唱得不错，给我们唱一曲吧。
   B：还是你来吧。

九、讨论

1. 如果你要通过一片沙漠，你最担心什么？
2. 外出旅游时你一般都要做哪些准备？你最担心什么？

副课文

站在你应该站的位置

星期六的上午，阳光明媚，一位父亲带着两个小儿子去高尔夫球场打球。

父亲走到球场售票处，问："请问门票是多少钱？"

里面的年轻人回答他："所有满6周岁的人进入球场都需交3美元，先生。我们这个球场可以让6岁以下的儿童免费进入。请问你的孩子多大了？"

父亲回答到道："我们家未来的律师3岁了，我们家未来的医生7岁了，所以我应该付给你6美元，先生。"

柜台后的年轻人有点儿惊讶地说："嘿，先生，你是刚刚中了六合彩还是其他什么了，你本来可以为自己节省3美元的，即便你告诉我那个大一点儿的孩子6岁的话，我也看不出有什么差别的。"

父亲回答道："对，你的确不会看出其中的差别，但是我的孩子们会知道这其中的差别的。站在一个父亲的位置上，我有责任不让他们小小年纪就学会去欺骗别人。"

在这个充满了竞争与挑战的时代里，真诚比已往任何时候都显得重要和珍贵，不管是在工作还是生活中，人都要站在自己应该站的位置上。

（选自《读者》2005年第1期，有改动）

生词

1. 明媚	míngmèi	[形]	bright
2. 高尔夫球	gāo'ěrfūqiú	[名]	golf
3. 律师	lǜshī	[名]	lawyer
4. 柜台	guìtái	[名]	counter
5. 六合彩	liùhécǎi	[名]	lottery
6. 节省	jiéshěng	[动]	to save
7. 差别	chābié	[名]	difference
8. 挑战	tiǎozhàn	[名]	challenge

回答问题

1. 那位父亲为什么没有想办法节省3美元?
2. 你喜欢什么样的父母?说说你的理由。
3. 在你们国家,坐公共汽车时,多高或者多大的孩子可以不用买票?

第十七课　有人送我一根草

一

不知是到美国后的第几天了，我去找工作后回来，慢慢地往住的地方走。那时候身上只剩下一点点钱，留下来是大问题，又找不着事情做，不知道该怎么办。穿过学校时，我低着头，走得很慢很慢。

远远的草地上，躺着一个年轻人，我感觉他好像在看着我，但是我没有抬头。他站起来了，又蹲下去从草地上拿了一样东西，然后向我走过来。

他步子走得很大，轻轻地吹着口哨，看起来很愉快。

由于不认识他，我没有停步。

一个影子挡住了去路。那个吹着口哨的青年，把右手举得高高的，手上是一根绿绿的草。他正向我微笑。

"来！给你——"他把小草当作宝贝一样送给我。

我接住那根小草，

惊讶地望着,然后忍不住笑了起来。

"对,微笑,就这个样子!快乐些!"他轻轻地说。说完拍拍我的脸,摸摸我的头发,眼里送过来一丝温柔的微笑。

然后,他双手插在口袋里,转身走了。

那是我到美国后第一次收到礼物。

小草,保留了许多年,虽然连它的名字都不知道;虽然那位青年的脸在记忆中模糊了,可是直到现在,却没有办法让我忘记。

我热爱生活,十分热爱。虽然是平常的日子,活着仍然是美好的。这份乐观,来自那根小草。把那个青年带来的快乐,不停地传递到别人的身上,把自己对生命的爱,不停地传下去,这就是生活的快乐。

二

海伦:学校要举行留学生歌咏比赛,你报名了吗?
麦克:我可不行,一唱就跑调。
海伦:没关系,那你就参加啦啦队吧。啦啦队的作用也是很重要的。
麦克:那倒是我的强项。我一定为你加油!
海伦:谢谢!

生词

| 1. | 根 | gēn | [量] | a measure word |
| 2. | 蹲 | dūn | [动] | to squat |

3. 口哨	kǒushào	[名]	whistle
4. 认识	rènshi	[动]	to know
5. 影子	yǐngzi	[名]	shadow
6. 挡	dǎng	[动]	to block
7. 绿	lǜ	[形]	green
8. 宝贝	bǎobèi	[名]	valuable thing
9. 惊讶	jīngyà	[形]	astonished
10. 忍不住	rěnbuzhù		can't help doing
11. 拍	pāi	[动]	to pat
12. 丝	sī	[量]	a measure word
13. 保留	bǎoliú	[动]	to remain
14. 模糊	móhú	[形]	blurry
15. 热爱	rè'ài	[动]	to love
16. 乐观	lèguān	[形]	optimistic
17. 自	zì	[介]	from
18. 传递	chuándì	[动]	to pass

语言点

"把"字句（一）

"把"字句表示对人或事物施加动作并强调使人或事物产生了一定的结果。基本格式是：主语+把+宾语+动词+其他成分。例如：

(1) 女儿想把头发剪几下。（数量补语）
(2) 你把自己的衣服洗干净。（结果补语）
(3) 把今天学习的生词写写。（动词重叠）
(4) 他们俩把那些饭菜全吃了。（助词"了"）
(5) 你把钥匙从窗口扔下来。（趋向补语）

（6）你一定要把这个消息告诉她。（宾语）

注意：

1. "把"字句中的谓语动词一般都是及物的，并具有处置意义。没有处置意义的动词如"是、在、有、知道、喜欢、开始、回来"等，不能用于"把"字句。

2. "把"的宾语一般是说话人和听话人双方都明确的人或事物。例如：
   我把一本书读了一遍。（×）
   我把这本书读了一遍。（√）

3. 否定副词、助动词放在"把"的前面。例如：
   (1) 老师还没有把我们的作业改完。
   (2) 你愿意把这本书翻译成英语吗？

练习

一、读读写写

| 口哨 | 认识 | 影子 | 宝贝 | 惊讶 | 忍不住 |
| 保留 | 模糊 | 热爱 | 乐观 | 传递 | 蹲下去 |

二、为下列汉字加偏旁，然后再组词

支 { ( ) _____ ( ) _____ }　　玉 { ( ) _____ ( ) _____ }　　交 { ( ) _____ ( ) _____ }

尚 { ( ) _____ ( ) _____ }　　尊 { ( ) _____ ( ) _____ }　　牙 { ( ) _____ ( ) _____ }

白 { ( ) _____ ( ) _____ }　　乙 { ( ) _____ ( ) _____ }　　当 { ( ) _____ ( ) _____ }

三、填写合适的词语

找到_____ 收到_____ 剩下_____ 吹着_____

望着_____ 举着_____ 拍着_____ 摸着_____

挡住_____ 保留_____ 忘记_____ 传递_____

四、朗读并注意体会其中的"把"字结构的特点

把课文读读　　　　把生词写写　　　　把练习做做

把牛奶喝了　　　　把饭吃了　　　　　把脸洗了

把门开着　　　　　把礼物留着　　　　把书放着

把这件事说一遍　　把那个故事讲一遍　把你的手洗三次

五、将下列句子改成"把"字句

1. 他打开了办公室的门。
2. 大家读了三遍新课文。
3. 他修好了自己的电脑。
4. 我带来了在欧洲留学时的照片。
5. 我们找到了迷路的同学。

六、为括号内的词语选择合适位置

1. 这个录音机 A 声音 B 也没有 C。（一点儿）
2. 一个寒假不见，A 你 B 胖了 C。（一点儿）
3. 他们在网上聊了三 A 个 B 小时 C。（多）
4. 我家的房子上下两层 A，一共两百 B 平方米 C。（多）
5. 小赵个子 A 不高，B 体重 C 有八十公斤。（却）
6. 我告诉她下雨了，A 但是 B 她 C 不相信。（却）
7. 小赵减 A 过 B 几次 C。（肥）
8. 昨天铃木坐飞机回 A 日本 B 了。（去）
9. 小刘拿起钱包就跑 A 商店 B 去了。（进）

10. 他的钱包里只有 A 一百块钱 B。（左右）

七、组词成句

1. 说 他们 都 我 中国话 听不懂 的
   _____

2. 那个 白色 男人 穿 你 着 衬衣 认识 的 吗
   _____

3. 里 有 学生 教室 许多 看书 在
   _____

4. 去 下午 接 机场 今天 要 朋友 我
   _____

5. 打算 我 以后 回国 学 继续 汉语
   _____

八、讨论

1. 那个年轻人为什么送给"我"一根小草？
2. 那根小草给"我"带来了什么改变？
3. 请谈谈你第一次找工作的情况。
4. 你还记得别人第一次送你的礼物吗？
5. 你回国的时候最想买什么礼物送给朋友？为什么？

副课文

你 是 谁

一位妇女晕倒在地。突然，她感觉自己好像已经离开人世，正站在天堂的法官面前。

一个声音问道:"你是谁?"

"我是市长的妻子。"妇人回答。

"我没有问你是谁的妻子,而是问你是谁。"

"我是4个孩子的母亲。"

"我没有问你是谁的母亲,而是问你是谁。"

"我是教师。"

"我没有问你做什么职业,而是问你是谁。"

"我是一名基督徒。"

"我没有问你的宗教信仰,只是问你是谁。"

一问一答没完没了地进行下去,妇人总是不能满意地回答法官的"你是谁"这个问题。

不知过了多久,妇人醒了过来。

她下决心要找出"你是谁"的答案。她能找到吗?

(选自《读者》2005 年第 4 期)

生词

1. 晕	yūn	[动]	to faint
2. 人世	rénshì	[名]	the world
3. 天堂	tiāntáng	[名]	heaven
4. 法官	fǎguān	[名]	judge
5. 市长	shìzhǎng	[名]	mayor
6. 基督徒	jīdūtú	[名]	Christian
7. 宗教	zōngjiào	[名]	religion
8. 信仰	xìnyǎng	[名]	belief

回答问题

1. 两个人一组,将法官和妇人的对话继续下去。
2. 这个故事说明了什么道理?

第十八课 照亮别人

一

"瞎子点灯"本来是一则笑话,指一个人做事不用脑子,做些多此一举的事。

最近我从朋友那儿听到了这样一个故事:有一个盲人在夜晚走路时,手里总是提着一个明亮的灯笼。别人看了觉得很好奇,就问他:"你自己看不见,为什么还要提着灯笼走路呢?"

那盲人快乐地说:"这个道理很简单,我提着灯笼不是为自己照路,而是让别人容易看到我,就不会撞到我了。这样可以保护自己的安全,也等于帮助自己。"

后来我搭另外一个朋友的车,就把这个故事讲给他听。这个朋友听完后,也把自己的经验告诉我。

他说:"以前我开车经过隧道,总是不喜欢开车灯。一来隧道不长,里面光线也不差;二来觉得麻烦,认为实在不需要开开关关。不料有一天我被迎面开来的大卡车撞了,差点儿丢了性命。

后来我才意识到,开车灯是给对方看的,因为车子经过隧道,对方是从亮处进入暗处,视觉不能马上调整,加上对面来的车不开灯,那实在太危险了……"

世上的朋友,在人生的道路上,自己走路是多么孤独与危险,旦夕祸福,没有人知道你从何处来,又往何处去。

假如能学学提灯笼的盲人,为别人照路,也照亮自己,时时帮助和关怀别人,别人也就会帮助你,那么这个世界一定会更美。

(选自《课外美文》,江苏教育出版社2001年,有改动)

二

杰克:时间过得真快呀,马上就要放假了。

玛丽:是啊,就像老师说的"光阴似箭,日月如梭"啊。

杰克:我真羡慕你,现在都能说一口流利的汉语了。

玛丽:你也不错呀。

杰克:我还差得远呢!下学期我打算还在中国继续学习汉语。你呢?

玛丽:说实话,我真想再学一年。可没办法,得回国上班了。不过,我们公司常常派人来中国,我想我肯定会有机会的。

杰克:来的时候可别忘了告诉我,到时我做东。

玛丽:那还用说!

生词

1. 照　　　　zhào　　　　[动]　　to shine
2. 瞎　　　　xiā　　　　 [形]　　blind
3. 点　　　　diǎn　　　　[动]　　to light
4. 则　　　　zé　　　　　[量]　　a measure word
5. 脑子　　　nǎozi　　　 [名]　　brain
6. 多此一举　duō cǐ yì jǔ　　　　hold a candle to the sun
7. 灯笼　　　dēnglong　　[名]　　lantern
8. 好奇　　　hàoqí　　　 [形]　　curious
9. 简单　　　jiǎndān　　 [形]　　simple
10. 保护　　　bǎohù　　　[动]　　to protect
11. 安全　　　ānquán　　 [形]　　safe
12. 等于　　　děngyú　　 [动]　　to equal to
13. 搭车　　　dā chē　　　　　　to hitchhike
14. 隧道　　　suìdào　　 [名]　　tunnel
15. 实在　　　shízài　　 [副]　　really
16. 不料　　　búliào　　 [副]　　unexpectedly
17. 迎面　　　yíngmiàn　 [副]　　head-on
18. 暗　　　　àn　　　　 [形]　　dim
19. 视觉　　　shìjué　　 [名]　　sight
20. 调整　　　tiáozhěng　[动]　　to adjust
21. 危险　　　wēixiǎn　　[形]　　dangerous
22. 旦夕祸福　dànxī huò fú　　　Fortune is fickle.
23. 箭　　　　jiàn　　　　[名]　　arrow
24. 梭　　　　suō　　　　 [名]　　shuttle
25. 羡慕　　　xiànmù　　 [动]　　to admire
26. 流利　　　liúlì　　　[形]　　fluent

语言点

"把"字句（二）

谓语动词后有"在"或"到"等，说明人或事物通过动作处于某地或达到某地，一般要用"把"字句。例如：

(1) 请把这本书放在桌子上。
(2) 每天早晨她都开车把孩子送到学校。

谓语动词后有"给"等，说明人或事物通过动作到达某对象，一般要用"把"字句。例如：

(1) 请你一定要把这件礼物交给她。
(2) 你能把你的自行车借给我吗？

谓语动词后有结果补语"成"等，说明人或事物通过动作而成为某种人或事物时，一定要用"把"字句。例如：

(1) 请大家把这篇文章翻译成英语。
(2) 她把衣服染成黑色的了。

练习

一、读读写写

| 灯笼 | 脑子 | 好奇 | 保护 | 安全 | 等于 | 隧道 |
| 实在 | 不料 | 迎面 | 性命 | 视觉 | 调整 | 危险 |

二、为下列汉字加偏旁，然后再组词

害 { (　　) ＿＿＿＿
　　 (　　) ＿＿＿＿

几 { (　　) ＿＿＿＿
　　 (　　) ＿＿＿＿

龙 { (　　) ＿＿＿＿
　　 (　　) ＿＿＿＿

而 { (　　) ＿＿＿＿
　　 (　　) ＿＿＿＿

童 { (　　) ＿＿＿＿
　　 (　　) ＿＿＿＿

合 { (　　) ＿＿＿＿
　　 (　　) ＿＿＿＿

音 { (　　) ＿＿＿＿
　　 (　　) ＿＿＿＿

周 { (　　) ＿＿＿＿
　　 (　　) ＿＿＿＿

瓜 { (　　) ＿＿＿＿
　　 (　　) ＿＿＿＿

可 { (　　) ＿＿＿＿
　　 (　　) ＿＿＿＿

三、填写合适的量词

一＿＿＿＿笑话　　　一＿＿＿＿事　　　一＿＿＿＿灯笼

一＿＿＿＿道理　　　一＿＿＿＿卡车　　一＿＿＿＿隧道

四、朗读并注意体会其中"把"字结构的特点

把书放在桌子上　　　把衣服收在柜子里　　把车子开到前面

把书拿出来　　　　　把钥匙放回去　　　　把行李搬进来

把空调关上　　　　　把门打开　　　　　　把书合上

把礼物送给朋友　　　把字典借给他　　　　把照片递给老师

把汉语翻译成英语　　把水变成冰　　　　　把白色染成红色

五、选择合适的副词填空

1. 那个地方挺远的，我开车开了两个小时（　　）到。

　　A. 曾经　　　B. 刚　　　C. 才　　　D. 就

2. 这几个城市中，我（　　）喜欢上海。

　　A. 都　　　　B. 最　　　C. 逐渐　　D. 才

3. 天刚黑，他（　　）上床睡觉了。
   A. 都　　　　B. 总　　　　C. 才　　　　D. 就

4. 这几个句子，大家（　　）翻译得很好。
   A. 都　　　　B. 只　　　　C. 再三　　　D. 简直

5. 今天的饭菜不多，我一会儿（　　）吃完了。
   A. 再　　　　B. 还　　　　C. 才　　　　D. 就

6. 我到上海工作（　　）三年了。
   A. 已经　　　B. 刚刚　　　C. 曾经　　　D. 立即

7. 每一个人（　　）要拿到签证，才能出国旅行。
   A. 就　　　　B. 准　　　　C. 更　　　　D. 都

8. 玛丽和山田的汉语水平差不多，山田的口语表达（　　）好一些。
   A. 相当　　　B. 十分　　　C. 更　　　　D. 再

六、用"把"和所给的词语造句

1. 你的房间　　　收拾：＿＿＿＿＿＿＿＿＿＿＿＿＿＿＿＿＿
2. 借来的书　　　还：＿＿＿＿＿＿＿＿＿＿＿＿＿＿＿＿＿＿
3. 这种药水　　　喝：＿＿＿＿＿＿＿＿＿＿＿＿＿＿＿＿＿＿
4. 这个月的工资　花：＿＿＿＿＿＿＿＿＿＿＿＿＿＿＿＿＿＿
5. 我的头发　　　染：＿＿＿＿＿＿＿＿＿＿＿＿＿＿＿＿＿＿
6. 这些衣服　　　洗：＿＿＿＿＿＿＿＿＿＿＿＿＿＿＿＿＿＿

七、用所给的词语完成下列句子

1. 我想把这束花＿＿＿＿＿＿＿＿＿＿＿＿＿＿＿＿＿＿＿＿。（在）
2. 你把这种药水＿＿＿＿＿＿＿＿＿＿＿＿＿，你的腿就不会疼了。（在）

3. 今天老师布置的作业是把生词＿＿＿＿＿＿＿＿＿＿＿＿＿＿＿＿。（在）
4. 邮递员每天都要把许多信＿＿＿＿＿＿＿＿＿＿＿＿＿＿＿＿。（给）
5. 请你把这件礼物＿＿＿＿＿＿＿＿＿＿＿＿＿，她明天过生日。（给）
6. 你把我＿＿＿＿＿＿＿＿＿＿＿＿＿，我可以在那儿坐地铁回家。（到）

八、讨论

1. 你如何理解课文中盲人的话？
2. 在你们国家，政府怎样帮助残疾人？

副课文

圆　场

　　有一次，几个人一起去看望一个刚刚病愈出院的朋友。吃饭的时候，朋友的妻子端来了一个盘子，里面是一套酒杯和一把筷子。不巧，一位客人突然转身，把盘子碰翻了，劈里啪啦，酒杯打碎了，筷子也撒落满地。大家都很尴尬。

　　这时，朋友的妻子急中生智，一边收拾筷子，一边说："我以后要交好运了，这么多酒杯打碎了，筷子撒得满地都是，这叫悲（杯）去喜来，处处快乐（筷落）！"

　　"好！"众人都帮着打圆场，气氛又活跃了起来。

　　我们在生活中免不了会遇到一些使自己，也使别人很难堪的事，这时就得想办法去圆场。有时候幽默一下，或者自嘲几句，都可以达到目的。

（选自《讲笑话　学语文》，有改动）

生词

1. 圆场	yuán chǎng		mediate, help to effect a compromise
2. 愈	yù	[动]	heal, recover
3. 套	tào	[量]	a measure word
4. 劈里啪啦	pīlipālā	[象]	cracking sound
5. 尴尬	gāngà	[动]	awkward, embarrased
6. 急中生智	jí zhōng shēng zhì		show resourcefulness in an emergency
7. 交好运	jiāo hǎoyùn		be in luck
8. 免	miǎn	[动]	dispense with
9. 难堪	nánkān	[形]	unbearable
10. 自嘲	zìcháo	[动]	to laugh at oneself
11. 目的	mùdì	[名]	aim, purpose

回答问题

1. 吃饭时，发生了什么尴尬的事？
2. 朋友的妻子是怎么打破尴尬的？
3. 讲一件你经历的尴尬的事情。

生词总表

A

安全	18
按照	6
案犯	5
暗	18
奥妙	10

B

罢了	12
百货大楼	15
颁奖	3
搬	13
板栗	14
傍晚	1
棒	3
棒球	8
包裹	7
包装	7
宝贝	17
保护	18
保留	17
报	10
报酬	2
暴力	2
暴雨	11
悲	3
辈子	12
奔	13
本能	5
比喻	11
闭	13
陛下	3
标志	3
标准	6, 9
表达	11
玻璃	6
菠菜	9
补	2
不料	18
不然	3
不幸	11
布谷鸟	1

C

猜	6
财迷	10
采访	5
彩票	10
踩	15
灿烂	15
策划	14
曾经	2
差别	16
插	8
查	16
颤抖	4
长眠	3
钞	14
吵	4
沉	10
成功	13
惩罚	11
吃惊	2
崇高	5
崇尚	12
抽	16
愁	3
出操	6
出租车	9
除了	5
传	6

传递 …………… 17	登 …………… 14	**F**
传统 …………… 8	噔 …………… 7	
吹 …………… 6	等于 …………… 18	发财 …………… 7
刺 …………… 10	滴 …………… 1	发抖 …………… 14
凑 …………… 7	抵 …………… 8	发烧 …………… 11
粗糙 …………… 7	地震 …………… 11	乏味 …………… 4
	弟子 …………… 11	法官 …………… 17
D	递 …………… 6	烦 …………… 4
	点 …………… 18	反应 …………… 4
搭车 …………… 18	电信局 …………… 12	返回 …………… 14
答案 …………… 5	殿下 …………… 3	方便 …………… 12
打斗 …………… 13	雕饰 …………… 11	方向 …………… 6
大凡 …………… 10	钓鱼 …………… 1	放心 …………… 15
大局 …………… 3	调查表 …………… 8	废墟 …………… 11
大模大样 …………… 3	掉 …………… 10	分配 …………… 6
大猩猩 …………… 13	盯 …………… 10	分摊 …………… 12
大约 …………… 15	顶 …………… 13	坟 …………… 8
呆 …………… 6	丢 …………… 8	坟墓 …………… 3
逮 …………… 5	冬眠 …………… 13	丰盛 …………… 4
代表 …………… 9	抖动 …………… 15	风景 …………… 9
单 …………… 12	独立 …………… 4	佛 …………… 2
单调 …………… 7	赌博 …………… 10	肤浅 …………… 4
单独 …………… 7	度 …………… 7	服务 …………… 9
旦夕祸福 …………… 18	短暂 …………… 4	浮 …………… 10
弹弓 …………… 6	断 …………… 3	福利 …………… 10
当差 …………… 15	锻炼 …………… 8	抚摸 …………… 2
当场 …………… 11	堆 …………… 6	俯 …………… 11
当初 …………… 11	蹲 …………… 17	富有 …………… 13
挡 …………… 17	多此一举 …………… 18	
倒 …………… 4, 16	夺 …………… 11	**G**
道理 …………… 12		
灯笼 …………… 18		盖子 …………… 16

概率 …… 13	寒 …… 13	缓慢 …… 4
甘甜 …… 16	汗 …… 13	患 …… 3
尴尬 …… 18	豪爽 …… 7	混合 …… 13
感动 …… 8	好处 …… 2	活儿 …… 14
感觉 …… 1	好像 …… 7	活跃 …… 13
钢琴 …… 8	好奇 …… 18	货 …… 2
高尔夫球 …… 16	合 …… 15	获得 …… 3
高峰期 …… 9	合同 …… 14	
割舍 …… 4	和尚 …… 11	**J**
根 …… 8,17	黑板 …… 4	积存 …… 11
公司 …… 9	黑黝黝 …… 15	基督徒 …… 17
贡献 …… 14	狠毒 …… 5	激动 …… 11
孤独 …… 1	红火 …… 7	激动人心 …… 10
刮 …… 11	后悔 …… 3	吉利 …… 10
挂号 …… 4	候诊室 …… 4	即将 …… 5
拐 …… 5	呼吸 …… 15	即日 …… 14
关键 …… 6	胡萝卜 …… 3	即使 …… 7
观察 …… 1	壶 …… 16	急中生智 …… 18
冠军 …… 8	虎 …… 13	给予 …… 16
光辉 …… 5	互联网 …… 12	记忆 …… 7
广 …… 4	互相 …… 13	纪念品 …… 2
柜台 …… 14	花费 …… 4	技术 …… 4
柜台 …… 16	划掉 …… 4	既……又 …… 12
贵 …… 12	划算 …… 7	家长 …… 15
桂冠 …… 11	化学 …… 1	价钱 …… 2
滚 …… 13	化妆品 …… 14	驾驶员 …… 8
果然 …… 16	怀 …… 2	架 …… 11
过时 …… 12	欢呼 …… 10	嫁 …… 13
	还 …… 14	艰难 …… 4
H	还价 …… 2	捡 …… 6
海峡 …… 3	环境 …… 1	简单 …… 18

简直 ………… 7	景点 ………… 9	苦恼 ………… 8
见闻 ………… 7	警察 ………… 5	宽容 ………… 13
建 ………… 14	警惕 ………… 13	亏 ………… 12
建筑 ………… 7	警钟 ………… 3	
箭 ………… 18	竞争 ………… 9	**L**
奖励 ………… 14	竟然 ………… 5	拉 ………… 2
降低 ………… 13	救 ………… 5	辣 ………… 7
酱 ………… 9	舅舅 ………… 10	来临 ………… 5
交好运 ………… 18	居然 ………… 7	兰花 ………… 11
交往 ………… 11	举 ………… 4	浪费 ………… 16
骄傲 ………… 3	举办 ………… 1	浪漫 ………… 13
焦虑 ………… 5	句号 ………… 3	老板 ………… 2
角 ………… 15	惧 ………… 3	老年痴呆症 ………… 3
教授 ………… 3	聚集 ………… 1	乐观 ………… 17
教训 ………… 14	军训 ………… 6	累 ………… 6
教育 ………… 8		离婚 ………… 15
教育学 ………… 2	**K**	礼物 ………… 2
节省 ………… 16	咔 ………… 10	理性 ………… 12
节奏 ………… 6	卡通 ………… 4	厉害 ………… 5
解决 ………… 14	开展 ………… 6	立刻 ………… 1
解释 ………… 15	砍 ………… 1	粒 ………… 8
介绍 ………… 9	看法 ………… 3	连 ………… 15
筋疲力尽 ………… 5	考虑 ………… 4	联络 ………… 12
尽管 ………… 9	烤 ………… 7	凉 ………… 3
尽量 ………… 9	科学家 ………… 8	亮丽 ………… 9
进步 ………… 4	可能 ………… 3	量 ………… 14
经济学 ………… 12	可能性 ………… 13	邻居 ………… 4
经验 ………… 9	课堂 ………… 13	临摹 ………… 11
惊呆 ………… 4	空 ………… 6	零头 ………… 14
惊讶 ………… 17	口哨 ………… 17	令 ………… 13
精致 ………… 7	哭泣 ………… 3	令堂 ………… 3

令尊	3
另外	2
流	2
流动性	12
流利	18
六合彩	16
搂	2
炉	14
鹿	13
律师	16
绿	17
轮廓	6
轮流	11
落	1

M

麻	7
麻雀	1
埋	11
满足	9
漫画	4
盲	15
毛毛雨	7
枚	3
美妙	3
梦想	8
迷惑	1
迷路	16
密	13
蜜月	5
免	14, 18

瞄	6
敏锐	1
明白	3
明亮	6
明媚	16
明日黄花	3
模糊	17
目的	18

N

耐心	4
难过	2
难堪	18
脑筋	8
脑子	18
能力	8
年代	12
尿液	11
农业	12
奴隶	10
女士	3
暖烘烘	13

P

拍	17
牌	9
抛	10
抛弃	5
陪伴	4
配合	4
盆	11

砰	10
捧	15
劈里啪啦	18
偏	6
偏好	12
偏僻	13
漂	5
平淡	11
破裂	6
铺	1
普遍	4

Q

其实	7
其他	5
奇怪	7
气氛	13
气质	11
器	16
千般	8
牵	15
签	14
浅	3
乔迁之喜	14
轻松	4
倾听	1
倾向	4
清晨	1
清脆	6
清晰	12
情况	12

区别	6
泉水	16
蜷	13
缺乏	4

R

嚷嚷	2
扰	10
绕道	9
热爱	17
热闹	1
热情	9
人贩子	5
人类	1
人群	12
人世	17
人性	5
忍不住	17
认识	17
认真	6
任务	6
仍然	14
柔软	5
如果	1
如意	11
乳汁	11
润	11
若	10

S

散步	6

色盲	1
森林	1
沙漠	16
闪	5
善良	5
擅长	11
伤害	2
商场	14
商量	3
上瘾	10
烧	7
稍微	4
舍不得	7
设施	7
射击	6
伸	2
神	5
甚至	3
升	2
生存	12
生理	1
生命	13
剩余	14
失	11
实在	18
食品	7
始终	5
世界	1
市长	17
示范	6
似的	2

视觉	18
试验	1
收费	9
收拾	12
手册	15
手工	2
手机	12
售货员	8
书籍	4
暑假	7
属于	9
水平	9
顺利	1
顺手	14
丝	17
思考	4
撕	7
死刑	5
寺院	11
似乎	4
肃穆	3
素质	6
速度	6
随	10
隧道	18
损失	14
梭	18

T

台阶	15
摊	2

叹气 …… 15	图书馆 …… 14	吸烟 …… 10
叹息 …… 3	吐 …… 11	膝盖 …… 10
糖 …… 14	兔子 …… 13	细微 …… 1
躺 …… 1	推 …… 2	瞎 …… 18
套 …… 18	推移 …… 4	先生 …… 3
特殊 …… 12	退缩 …… 14	现代 …… 4
疼痛 …… 2	拖 …… 10	现象 …… 1
剔 …… 7	唾沫 …… 11	限 …… 14
啼 …… 10	**W**	馅儿饼 …… 10
提 …… 2		羡慕 …… 18
提高 …… 9	袜子 …… 1	乡下 …… 1
提醒 …… 2	弯 …… 2	相当 …… 4
题目 …… 11	完美 …… 13	箱 …… 10
体会 …… 12	玩具 …… 7	享受 …… 7
体现 …… 7	玩意儿 …… 7	响 …… 13
体验 …… 8	挽救 …… 16	消化 …… 2
体育 …… 8	亡 …… 3	消失 …… 1
天使 …… 15	危险 …… 18	心灵 …… 9
天堂 …… 17	威严 …… 3	心情 …… 11
条件 …… 14	伟大 …… 5	心思 …… 12
调整 …… 18	喂 …… 11	辛苦 …… 4
挑战 …… 16	文明 …… 12	欣赏 …… 4
停止 …… 13	稳 …… 9	新郎 …… 5
通过 …… 9	窝 …… 8	新鲜 …… 15
同事 …… 4	握 …… 10	新颖 …… 3
同意 …… 2	握手 …… 15	信笺 …… 12
统计 …… 13	污染 …… 1	信任 …… 5
痛苦 …… 4	屋 …… 16	信息 …… 12
痛快 …… 16	雾 …… 7	信仰 …… 17
投弹 …… 6	**X**	行李 …… 12
投诉 …… 9	吸 …… 16	行驶 …… 9

行为 …………… 13	一言为定 …………… 1	预算 …………… 14
形象 …………… 9	医生 …………… 3	御 …………… 13
性感 …………… 13	依 …………… 11	遇到 …………… 9
性命 …………… 11	移 …………… 6	愈 …………… 18
需要 …………… 14	遗憾 …………… 3	原先 …………… 10
宣布 …………… 10	遗迹 …………… 8	圆场 …………… 18
选择 …………… 16	遗嘱 …………… 3	缘由 …………… 3
寻常 …………… 11	艺术 …………… 4	阅读 …………… 4
	意识 …………… 14	晕 …………… 17
Y	因为 …………… 7	允许 …………… 10
压 …………… 15	音乐会 …………… 1	
呀 …………… 10	银 …………… 5	**Z**
牙签 …………… 7	印象 …………… 7	赞许 …………… 10
芽 …………… 8	英俊 …………… 13	赞扬 …………… 6
淹没 …………… 15	迎面 …………… 18	则 …………… 18
颜色 …………… 9	荧光屏 …………… 4	赠品 …………… 7
眼疾手快 …………… 14	影子 …………… 17	摘 …………… 11
眼泪 …………… 2	应对 …………… 13	崭新 …………… 7
咽 …………… 11	硬币 …………… 14	战栗 …………… 10
宴席 …………… 4	永别 …………… 5	长相 …………… 15
验 …………… 14	永远 …………… 7	涨 …………… 14
验钞 …………… 15	用处 …………… 12	招牌 …………… 7
阳光 …………… 15	忧患 …………… 10	招手 …………… 9
养育 …………… 4	幽默 …………… 13	照 …………… 18
要求 …………… 9	犹豫 …………… 4	照看 …………… 11
腰 …………… 2	邮递员 …………… 12	哲学 …………… 10
摇 …………… 10	游戏 …………… 4	珍惜 …………… 3
要么……要么……	余地 …………… 3	真理 …………… 9
…………… 16	语言 …………… 1	阵 …………… 13
野 …………… 13	育 …………… 11	震撼力 …………… 3
一丝不苟 …………… 3	预期 …………… 12	争辩 …………… 1

睁 ………… 13	衷心 ………… 3	准时 ………… 1
挣 ………… 13	中奖 ………… 10	姿 ………… 6
知识 ………… 4	株 ………… 11	资料 ………… 16
执行 ………… 3	竹排 ………… 5	紫罗兰 ………… 8
直 ………… 10	逐渐 ………… 6	字里行间 ………… 3
值 ………… 2	主持 ………… 10	自 ………… 17
值得 ………… 7	主意 ………… 2	自嘲 ………… 18
职业 ………… 8	祝贺 ………… 14	自觉 ………… 14
制造 ………… 7	著名 ………… 11	宗教 ………… 17
制止 ………… 15	抓 ………… 2	足球 ………… 8
制作 ………… 2	专门 ………… 15	钻研 ………… 1
致辞 ………… 3	专心 ………… 4	左右 ………… 6
智慧 ………… 11	赚 ………… 2	作家 ………… 8
置之度外 ………… 16	装模作样 ………… 14	作文 ………… 11
忠告 ………… 2	撞 ………… 13	做主 ………… 14
忠实 ………… 3	准确 ………… 15	

专　　名

A	E	M
阿尔卑斯山 13	俄罗斯 ………… 13	母亲节 ………… 2
阿尔弗雷德·诺贝尔 3	G	
澳大利亚 ………… 15	格林童话 ………… 4	
B		
北极 ………… 13		

声 明

对于本教材所使用的受著作权法保护的材料,尽管本社已经尽了合理的努力去获得使用许可,但由于缺少某些著作权人的联系方式,仍有个别材料未能获得著作权人的许可。为满足课堂教学之急需,我们在个别材料未获得许可的情况下出版了本教材,并按照国家相关标准将稿酬先行列支。我们对此深表歉意,并请各位著作权人在看到本教材及本声明后尽快与我们联系,我们将立即奉上稿酬及样书。

联系人:宋立文

地　　址:北京市海淀区成府路 205 号北京大学出版社 205 室

邮　　编:100871

电　　话:010 – 62753374

北京大学出版社
2008 年 6 月